Weber · 5 vor Finanzmanagement

Digitale Lernkarten und Online-Version inklusive!

Ob am PC, Tablet oder unterwegs auf Ihrem Smartphone:
Nutzen Sie die Chance, jederzeit und an jedem Ort Ihr Wissen zu verbessern.

Schalten Sie dazu jetzt Ihre **digitalen Lernkarten** von NWB und BRAINYOO frei:

So einfach geht's:

① Zur Nutzung der digitalen Lernkarten im BRAINYOO-System rufen Sie die Seite **www.brainyoo.de** auf.

② Geben Sie rechts oben Ihren **Produkt-Code** ein und folgen Sie dem Anmeldedialog.

③ BRAINYOO-System online oder als Desktop-Version öffnen und los geht's!

Ihr Produkt-Code (digitale Lernkarten):

C938A-5510C-E4893-C8369-6248A

Für die Nutzung auf Ihrem Smartphone oder Tablet benötigen Sie die **BRAINYOO-App**. Installieren Sie diese mithilfe des QR-Codes oder über Ihre App-Plattform.

Schalten Sie sich außerdem die **Online-Version** dieses Buches in der NWB Datenbank frei. So können Sie z. B. Textziffer-Verlinkungen auf den digitalen Lernkarten direkt in die NWB Datenbank folgen.

Und so geht's:

① Rufen Sie die Seite **www.nwb.de/go/online-buch** auf.
② Geben Sie Ihren **Freischaltcode** in Großbuchstaben ein und folgen Sie dem Anmeldedialog.
③ Fertig!

Ihr Freischaltcode (Online-Version):

BMRYHMBMTJRQUTYSUNYNVS

Weber, 5 vor Finanzmanagement

NWB Bilanzbuchhalter

5 vor Finanzmanagement

Endspurt zur Bilanzbuchhalterprüfung (VO 2015)

Von
Steuerberater Diplom-Finanzwirt (FH) Martin Weber

5., vollständig überarbeitete Auflage

Kein Produkt ist so gut, dass es nicht noch verbessert werden könnte. Ihre Meinung ist uns wichtig! Was gefällt Ihnen gut? Was können wir in Ihren Augen noch verbessern? Bitte verwenden Sie für Ihr Feedback einfach unser Online-Formular auf:

www.nwb.de/go/feedback_bwl

Als kleines Dankeschön verlosen wir unter allen Teilnehmern einmal pro Quartal ein Buchgeschenk.

ISBN 978-3-482-**60655**-7
5., vollständig überarbeitete Auflage 2017
© NWB Verlag GmbH & Co. KG, Herne 2010
  www.nwb.de
Alle Rechte vorbehalten.
Dieses Buch und alle in ihm enthaltenen Beiträge und Abbildungen sind urheberrechtlich geschützt.
Mit Ausnahme der gesetzlich zugelassenen Fälle ist eine Verwertung ohne Einwilligung des Verlages unzulässig.
Satz: Griebsch & Rochol Druck GmbH, Hamm
Druck: Stückle Druck und Verlag, Ettenheim

VORWORT

Die Prüfung zum Fortbildungsabschluss „Geprüfter Bilanzbuchhalter und Geprüfte Bilanzbuchhalterin" wird seit 1927 durchgeführt und gehört zu den kaufmännischen Fortbildungsprüfungen mit der längsten Tradition. Gemessen an der Zahl der jährlichen Prüfungsteilnehmer zählt diese Prüfung zudem seit Jahren zu den wichtigsten, jedoch auch zu den anspruchsvollsten kaufmännischen Weiterbildungsabschlüssen mit regelmäßigen Durchfallquoten von bis zu 50 %.

Am 1. 1. 2016 ist eine neue Verordnung über die Prüfung zum anerkannten Fortbildungsabschluss „Geprüfter Bilanzbuchhalter und Geprüfte Bilanzbuchhalterin" in Kraft getreten, die umfangreiche Änderungen für die kommenden Prüfungen mit sich bringt und noch stärker als bisher die beruflichen Handlungsfähigkeiten in den Mittelpunkt stellt.

So ist die Bilanzbuchhalterprüfung künftig in sieben Handlungsbereiche gegliedert, die nur teilweise den bisherigen entsprechen. Neu hinzugekommen sind die Handlungsbereiche „Ein internes Kontrollsystem sicherstellen" und „Kommunikation, Führung und Zusammenarbeit mit internen und externen Partnern sicherstellen". Darüber hinaus sieht die neue Prüfungsverordnung nur noch drei Klausuren mit einem Umfang von je 240 Minuten vor, wobei nicht mehr jeder Handlungsbereich in einer eigenen Klausur geprüft wird. Die mündliche Prüfung wird auf Grundlage einer betrieblichen Situationsbeschreibung durchgeführt und besteht aus einer Präsentation und einem anschließenden Fachgespräch.

Der vorliegende Titel der „5 vor"-Reihe beschäftigt sich mit dem Handlungsbereich „Finanzmanagement des Unternehmens wahrnehmen, gestalten und überwachen" und orientiert sich vollständig an den Bestandteilen und der Gliederung des offiziellen Rahmenplans der neuen Prüfungsverordnung vom 26. 10. 2015. Der Prüfungsteilnehmer oder die Prüfungsteilnehmerin soll dementsprechend nachweisen, dass er oder sie in der Lage ist, die Methoden und Instrumente der Finanzierung und der Investitionsrechnungen anzuwenden. Dabei soll er oder sie zeigen, dass er oder sie die Bedeutung der betrieblichen Finanzwirtschaft als Erfolgsfaktor der Unternehmensführung in nationalen und internationalen Märkten erkennt. Des Weiteren soll er oder sie Planungsrechnungen im Rahmen der Finanz- und Investitionsplanung erstellen und einsetzen.[*]

„5 vor Finanzmanagement" ist kein typisches Lehrbuch. Da ich selbst gegenwärtig als Dozent in diversen Vorbereitungskursen zur Bilanzbuchhalterprüfung tätig bin, gehe ich davon aus, dass in den von Ihnen besuchten Kursen das benötigte Wissen bereits eingehend vermittelt wurde. Dieses Buch ist vielmehr als eine Art letzte Wissenskontrolle zu sehen. Die Prüfungsteilnehmer sollen ihren Wissensstand kurz vor der Prüfung noch einmal kontrollieren und ggf. erkannte Wissenslücken innerhalb kürzester Zeit erfolgreich schließen bzw. bereits Erlerntes schnell noch einmal auffrischen. Die prüfungsrelevanten Themen werden deshalb in kompakter und prägnanter Form dargestellt; zahlreiche Abbildungen, Beispiele und Kontrollfragen sowie eine Übungsklausur unterstützen zusätzlich das Verständnis.

So können Sie ganz entspannt und sicher in die Prüfung gehen!

Für angehende Steuerfachwirte und -berater sowie für Studierende an Universitäten und Fachhochschulen ist dieser Titel ebenfalls äußerst empfehlenswert, da auch in diesen Bereichen das Thema Kosten- und Leistungsrechnung prüfungsrelevant sein kann.

Gedankt sei zum Schluss meiner Kollegin Frau Daniela Naumann, deren engagierter Einsatz auch diese Neuerscheinung möglich gemacht hat. Außerdem möchte ich mich an dieser Stelle beim NWB Verlag, insbesondere bei Frau Vera Heise, für die gute Zusammenarbeit bedanken.

Nun wünsche ich allen angehenden Bilanzbuchhaltern viel Erfolg für die bevorstehenden Prüfungen!

München, im Juni 2017

Martin Weber

---

[*] § 7 Abs. 4 BibuchhFPrV.

INHALTSVERZEICHNIS

Vorwort	V
Inhaltsverzeichnis	VII
Abkürzungsverzeichnis	XIII

I. ZIELE, AUFGABEN UND INSTRUMENTE DES FINANZMANAGEMENTS, KENNZAHLEN UND FINANZIERUNGSREGELN — 1

1. Ziele und Aufgaben des Finanzmanagements — 1
2. Ausgewählte Kennzahlen und Finanzierungsregeln — 2
   - 2.1 Die wichtigsten Kennzahlen — 2
     - 2.1.1 Analyse der Vermögensstruktur — 2
     - 2.1.2 Finanzanalyse — 3
     - 2.1.3 Analyse der Ertragslage — 3
     - 2.1.4 Rentabilitätsanalyse — 4
     - 2.1.5 Analyse der Aufwandsstruktur — 4
   - 2.2 Cashflow — 4
   - 2.3 Kapitalflussrechnung — 5
     - 2.3.1 Struktur der Kapitalflussrechnung — 5
     - 2.3.2 Schema einer Kapitalflussrechnung — 6
     - 2.3.3 Analyse der Kapitalflussrechnung — 6
     - 2.3.4 Beispiel — 7
   - 2.4 Finanzierungsregeln — 15
     - 2.4.1 Vertikale Finanzierungsregeln — 15
       - 2.4.1.1 Vermögensstruktur — 15
       - 2.4.1.2 Kapitalstruktur — 15
     - 2.4.2 Horizontale Finanzierungsregeln — 16
       - 2.4.2.1 Goldene Bilanzregel — 16
       - 2.4.2.2 Goldene Finanzierungsregel — 16
3. Finanzmärkte und ihre Funktionen für das Unternehmen — 16

II. FINANZ- UND LIQUIDITÄTSPLANUNGEN SOWIE SICHERUNG DER ZAHLUNGSBEREITSCHAFT — 19

1. Finanz- und Liquiditätsplanung im System der Unternehmensplanung — 19
   - 1.1 Strategische Planung — 19
   - 1.2 Operative Planung — 19
   - 1.3 Taktische Planung — 19
2. Finanzplanung — 19
   - 2.1 Einzahlungen und Auszahlungen – Einnahmen und Ausgaben — 19
   - 2.2 Finanzplan — 20
     - 2.2.1 Allgemeines — 20
     - 2.2.2 Beispiel eines Finanzplans — 20
     - 2.2.3 Bildung von Liquiditätsreserven — 24
   - 2.3 Verfeinerte Berechnungsmethoden — 25
     - 2.3.1 Gleitendes Mittelwert-Verfahren — 25
     - 2.3.2 Gewogenes Gleitendes Mittelwert-Verfahren — 26
     - 2.3.3 Exponentielle Glättung — 26

	Seite
2.4 Finanzpläne unterschiedlicher Fristigkeit	27
2.4.1 Langfristige Finanzpläne	27
2.4.2 Mittelfristige Finanzpläne	27
2.4.3 Kurzfristige Finanzpläne	28
2.5 Übungsfall zur exponentiellen Glättung	29
2.6 Verschuldungsgrad und Rentabilitäten	30
2.6.1 Verschuldungsgrad	30
2.6.2 Rentabilitäten	31
2.6.3 Leverage-Effekt	33
3. Kapitalbedarf über Kapitalbindungsdauer ermitteln	33
4. Sicherung der Zahlungsbereitschaft	34

III. FINANZIERUNGSARTEN — 37

	Seite
1. Finanzierungsarten nach unterschiedlichen Kriterien	37
2. Eigen- bzw. Beteiligungsfinanzierung in Abhängigkeit der Rechtsform	37
2.1 Beteiligungsfinanzierung bei Unternehmen ohne Börsenzugang	37
2.1.2 Personengesellschaften	37
2.1.2 Kapitalgesellschaften	38
2.2 Beteiligungsfinanzierung bei Unternehmen mit Börsenzugang	39
2.2.1 Ordentliche Kapitalerhöhung	40
2.2.2 Kapitalerhöhung aus Gesellschaftsmitteln	40
3. Formen der Innenfinanzierung	40
3.1 Finanzierung aus zurückbehaltenen Gewinnen	41
3.1.1 Offene Selbstfinanzierung	41
3.1.2 Stille Selbstfinanzierung	42
3.1.3 Vor- und Nachteile der Selbstfinanzierung	43
3.2 Finanzierung aus Abschreibungsgegenwerten	44
3.2.1 Abschreibungsverfahren	44
3.2.1.1 Lineare Abschreibung	44
3.2.1.2 Leistungsbezogene Abschreibung	44
3.2.1.3 Geometrisch-degressive Abschreibung	44
3.2.1.4 Arithmetisch-degressive Abschreibung	45
3.2.1.5 Progressive Abschreibung	45
3.2.2 Kapitalfreisetzungseffekt	46
3.2.3 Kapazitätserweiterungseffekt	46
3.3 Finanzierung aus Rückstellungswerten	47
3.4 Finanzierung aus Rationalisierungen und Vermögensumschichtungen	47
4. Fremdfinanzierung im Vergleich zur Eigenfinanzierung	47
4.1 Grundlagen	47
4.2 Leverage-Effekt	48
5. Kreditanbieter	48
6. Möglichkeiten der langfristigen Fremdfinanzierung	48
6.1 Darlehen	48
6.2 Schuldscheindarlehen	49
6.3 Anleihen	49
6.4 Darlehensvertrag	50
6.4.1 Zivilrechtliche Regelungen	50
6.4.2 Kapitalkosten eines Darlehens	50

	Seite
6.4.3 Tilgung und Zinsen	51
6.4.3.1 Tilgung	51
6.4.3.2 Zinsen	53
6.4.4 Effektivzinsberechnung bei Anleihen	56
7. Möglichkeiten der kurzfristigen Fremdfinanzierung	57
7.1 Handelskredit	57
7.2 Kontokorrentkredit	58
7.3 Wechselkredit	58
7.4 Lombardkredit	58
7.5 Avalkredit	58
7.6 Factoring	59
8. Sonderformen der Fremdfinanzierung	59
8.1 Leasing	59
8.2 Asset Backed Securities	60
9. Mezzanine Finanzierungsformen	60
10. Möglichkeiten einer kurzfristigen Außenhandelsfinanzierung	61
10.1 Kurzfristige Außenhandelsfinanzierung	61
10.2 Forfaitierung	62
11. Möglichkeiten einer mittel- und langfristigen Außenhandelsfinanzierung	62
11.1 AKA-Kredite	62
11.2 KfW-Kredite	62

IV. INVESTITIONSBEDARF FESTSTELLEN UND INVESTITIONSRECHNUNGEN DURCHFÜHREN — 67

	Seite
1. Investitionsbedarf	67
1.1 Investitionsarten	67
1.2 Investitionszwecke	67
1.3 Investitionsplanung	68
1.3.1 Quantitative und qualitative Bewertungskriterien	68
1.3.2 Begrenzungsfaktoren	69
1.3.3 Die zehn Schritte der Investitionsplanung	69
2. Investitionsrechnungsverfahren	70
2.1 Statische Investitionsrechnungsverfahren	70
2.1.1 Kostenvergleichsrechnung	70
2.1.1.1 Kapitalkosten	70
2.1.1.2 Betriebskosten	72
2.1.1.3 Kostenvergleich	72
2.1.2 Gewinnvergleichsrechnung	75
2.1.2.1 Gewinnvergleich pro Periode	75
2.1.2.2 Gewinnvergleich pro Leistungseinheit	76
2.1.2.3 Gewinnvergleichsrechnung bei einer Ersatzinvestition	76
2.1.3 Rentabilitätsvergleichsrechnung	77
2.1.4 Amortisationsvergleichsrechnung	78
2.2 Dynamische Investitionsrechnungsverfahren	79
2.2.1 Finanzmathematische Begriffe	80
2.2.1.1 Barwert	80
2.2.1.2 Endwert	80
2.2.1.3 Jahreswert	81

			Seite
	2.2.2	Kapitalwertmethode	82
	2.2.3	Annuitätenmethode	84
	2.2.4	Interne Zinsfußmethode	85
	2.2.5	Wiederholungsaufgabe	85
	2.3 Ergebnisse der Investitionsrechnungsverfahren		86
3.	Investitionskontrolle		86

V. KREDITRISIKEN UND INSTRUMENTE ZUR RISIKOBEWERTUNG — 89

1. Einschätzung der Kreditrisiken — 89
2. Risikoanalyse — 89
   - 2.1 Ausfallrisiko — 89
   - 2.2 Konzentrationsrisiko — 89
   - 2.3 Länderrisiko — 89
   - 2.4 Transferrisiko — 90
   - 2.5 Währungsrisiko/Wechselkursrisiko — 90
   - 2.6 Zinsänderungsrisiko — 90
3. Risikostufen — 90
4. Instrumente zur Risikosteuerung (Zins- und Währungsrisiko) — 91
   - 4.1 Hedging — 91
   - 4.2 Off-Balance-Sheet-Instrumente — 91
   - 4.3 Devisentermingeschäfte — 91
   - 4.4 Devisenoptionsgeschäft — 91
   - 4.5 Währungsswaps — 92
   - 4.6 Zinscap und Zinsfloor — 92
   - 4.7 Collar — 92
   - 4.8 Forward Rate Agreement — 93
   - 4.9 Financial Futures — 93
5. Wirkung der eingesetzten Risikoinstrumente — 93

VI. KREDIT- UND KREDITSICHERUNGSMÖGLICHKEITEN — 95

1. Kreditfähigkeit und -würdigkeit von Marktteilnehmern — 95
   - 1.1 Kreditfähigkeit — 95
     - 1.1.1 Persönliche Kreditfähigkeit — 95
     - 1.1.2 Sachliche Kreditfähigkeit/Kreditwürdigkeit von natürlichen Personen — 95
   - 1.2 Kreditwürdigkeit von Unternehmen — 95
     - 1.2.1 Bonitätsprüfung/Baseler Akkord — 95
       - 1.2.1.1 Baseler Akkord I — 96
       - 1.2.1.2 Baseler Akkord II/III — 96
     - 1.2.2 Bonitätsklassenermittlung — 97
2. Abwicklung von Kreditgeschäften — 98
   - 2.1 Beschränkung des Kreditrisikos — 98
   - 2.2 Honorierung des Kreditrisikos — 99
   - 2.3 Sicherung des Kreditrisikos — 99

Seite

3. Kreditsicherheiten — 100
    3.1 Personalsicherheiten — 100
        3.1.1 Bürgschaft — 100
            3.1.1.1 Grundlagen — 100
            3.1.1.2 Sonderformen der Bürgschaft — 100
        3.1.2 Garantie — 101
        3.1.3 Kreditauftrag — 102
        3.1.4 Patronatserklärung — 102
        3.1.5 Schuldbeitritt — 102
    3.2 Realsicherheiten — 102
        3.2.1 Eigentumsvorbehalt — 102
        3.2.2 Pfandrecht an beweglichen Sachen und Rechten — 103
        3.2.3 Sicherungsübereignung — 103
        3.2.4 Sicherungsabtretung — 104
        3.2.5 Grundpfandrechte — 104
            3.2.5.1 Hypothek — 104
            3.2.5.2 Grundschuld — 105

4. Kreditsicherheiten im Außenhandel — 106
    4.1 Bankgarantie — 106
    4.2 Hermes-Deckungen — 106

5. Devisen und Devisengeschäfte — 106

6. Kassa- und Termingeschäfte — 107

7. Kreditverhandlungen — 107

8. Verhandlungsergebnis und Handlungsempfehlungen der Unternehmensleitung — 107

VII. IN- UND AUSLÄNDISCHER ZAHLUNGSVERKEHR — **109**

1. EU-Zahlungsverkehrsinstrumente — 109
    1.1 Zahlungsmittel und Zahlungsformen — 109
        1.1.1 Bargeld — 109
        1.1.2 Buchgeld — 109
        1.1.3 Geldersatzmittel — 110
    1.2 Zahlungsverkehr — 110
        1.2.1 Barzahlungsverkehr — 110
        1.2.2 Halbbarer Zahlungsverkehr — 110
        1.2.3 Bargeldloser Zahlungsverkehr — 111
            1.2.3.1 Überweisungsverkehr — 111
            1.2.3.2 Lastschriftverkehr — 112
            1.2.3.3 Scheckverkehr — 113
            1.2.3.4 Wechselverkehr — 114
            1.2.3.5 Kartengestützter Zahlungsverkehr — 115
            1.2.3.6 Online Banking — 117

		Seite
2.	Auslandszahlungsverkehr	117
	2.1 Grundlagen	117
	2.2 Nichtdokumentäre Zahlungen	118
	2.3 Dokumentäre Zahlungen	118
	2.4 Einheitlicher Euro-Zahlungsverkehrsraum	120

VIII. ÜBUNGSAUFGABEN — 123

Stichwortverzeichnis — **129**

ABKÜRZUNGSVERZEICHNIS

A

a. o.	außerordentlich/er
AB	Anfangsbestand
ABB.	Abbildung
Abs.	Absatz
Abschn.	Abschnitt
AfA	Absetzung für Abnutzung
AG	Aktiengesellschaft
AHK	Anschaffungs- und Herstellungskosten
AK	Anschaffungskosten
AktG	Aktiengesetz
AO	Abgabenordnung
Art.	Artikel
AV	Anlagevermögen
Az.	Aktenzeichen

B

BGB	Bürgerliches Gesetzbuch
BGBl	Bundesgesetzblatt
BGH	Bundesgerichtshof
BibuchhFPrV	Bilanzbuchhalterprüfungsverordnung

D

d. h.	das heißt

E

ec	Electronic Cash
EGHGB	Einführungsgesetz zum Handelsgesetzbuch
EK	Eigenkapital
EStG	Einkommensteuergesetz
EStH	Einkommensteuer-Hinweise
etc.	et cetera
EZB	Europäische Zentralbank

F

f./ff.	folgend/e
FK	Fremdkapital

G

GbR	Gesellschaft bürgerlichen Rechts
ggf.	gegebenenfalls
GewSt	Gewerbesteuer
GJ	Geschäftsjahr

VERZEICHNIS Abkürzungen

GK	Gemeinkosten
GmbH	Gesellschaft mit beschränkter Haftung
GmbHG	Gesetz betreffend die Gesellschaften mit beschränkter Haftung
GuV	Gewinn und Verlust
GwG	Geldwäschegesetz

H

HGB	Handelsgesetzbuch

I

i. d. R.	in der Regel
i. H.	in Höhe
i. S.	im Sinne
i. V.	in Verbindung
inkl.	inklusive
InsO	Insolvenzordnung

K

KEF	Kapazitätserweiterungsfaktor
KG	Kommanditgesellschaft
KSt	Körperschaftsteuer
KWG	Kreditwesengesetz

L

LL	Lieferungen und Leistungen
lt.	laut

M

Mio.	Million/en

N

Nr.	Nummer

O

OHG	Offene Handelsgesellschaft

P

p. a.	per annum
PAngV	Preisangabenverordnung
POS	Point of Sale

R

R	Richtlinie
ROI	Return on Investment
RW	Restwert

S

s. o.	siehe oben
sog.	so genannte/r/s
SAV	Sachanlagevermögen
ScheckG	Scheckgesetz
StGB	Strafgesetzbuch

T

Tz.	Textziffer

U

u. a.	unter anderem/und andere
u. Ä.	und Ähnliche/s
USt	Umsatzsteuer
usw.	und so weiter
UV	Umlaufvermögen

V

var.	variable
vgl.	vergleiche

W

WG	Wechselgesetz
WP	Wertpapiere

Z

z. B.	zum Beispiel

I. Ziele, Aufgaben und Instrumente des Finanzmanagements, Kennzahlen und Finanzierungsregeln

1. Ziele und Aufgaben des Finanzmanagements

Tz. 1

Das Hauptziel der Finanzwirtschaft und des finanzwirtschaftlichen Managements ist die Steigerung der Rentabilität. Daneben muss jedes Unternehmen darauf achten, die Liquidität zu erhalten. Ausreichende Liquidität stellt sicher, dass das Unternehmen zahlungsfähig bleibt. Bei der Betrachtung der Liquidität werden vor allem zwei Bereiche unterschieden:

absolute und relative Liquidität

- **Absolute Liquidität**

  Die absolute Liquidität betrachtet lediglich die Aktivseite der Bilanz. Es werden die einzelnen Vermögensgegenstände in Hinblick auf ihre Liquidierbarkeit untersucht. Dies bedeutet, dass die Liquidität umso höher ist, je rascher sich der Vermögensgegenstand in Zahlungsmittel umwandeln lässt. Bei der Beurteilung der absoluten Liquidität ist der Zeitraum zwischen der Entscheidung zur Liquidation eines Vermögensgegenstandes und dem Eingang des Liquidationserlöses zu betrachten. Darüber hinaus ist der mögliche Liquidationserlös festzustellen.

- **Relative Liquidität**

  Ein Nachteil der absoluten Liquidität ist, dass sich diese allein auf die Aktivseite der Bilanz beschränkt. Diesen Nachteil gleicht die relative Liquidität aus. Hier wird auf die Unternehmensliquidität, also auf die Fähigkeit, bestehende Verbindlichkeiten bei Fälligkeit begleichen zu können, abgestellt. Die relative Liquidität kann statisch oder dynamisch betrachtet werden.

Tz. 2

Ein wesentliches Unternehmensrisiko ist das Liquiditätsrisiko. Im engeren Sinne stellt dies die Gefahr dar, dass das Unternehmen seine gegenwärtigen und zukünftigen Zahlungsverpflichtungen nicht mehr vollständig oder fristgerecht erfüllen kann. Tritt dieser Fall ein bzw. ist dessen Eintreten absehbar, ist das Unternehmen zahlungsunfähig. Dies kann zur Folge haben, dass ein Antrag auf Eröffnung des Insolvenzverfahrens beim zuständigen Amtsgericht zu stellen ist. Antragsberechtigt ist neben den Gläubigern auch der Schuldner selbst. Einzelheiten hierzu regelt die Insolvenzordnung (InsO).

Liquiditätsrisiko

Wird eine juristische Person, beispielsweise eine GmbH oder AG, zahlungsunfähig oder ist diese überschuldet, haben die Mitglieder der Geschäftsleitung bzw. des Vorstands nach § 15a Abs. 1 Satz 1 InsO spätestens drei Wochen nach Eintritt der Zahlungsunfähigkeit oder Überschuldung einen Insolvenzantrag zu stellen. Wird dies versäumt, ist mit einer bis zu dreijährigen Freiheitsstrafe oder einer Geldstrafe zu rechnen (§ 15a Abs. 4 InsO). Darüber hinaus kann das Versäumnis zur Schadensersatzpflicht führen.

Tz. 3

Zwischen dem Ziel der Sicherung der Liquidität und dem Streben nach maximaler Rendite besteht meist ein Zielkonflikt. Das Problem hierbei ist, dass zwar die Sicherung der Liquidität eine Voraussetzung für das Streben nach maximaler Rendite ist, aber Rentabilität nicht automatisch die Liquidität des Unternehmens sichert.

Dies liegt daran, dass sich die Rentabilitätsbetrachtung auf Zeiträume bezieht. Zu welchen Zeitpunkten Aufwendungen zu Ausgaben und Erträge zu Einnahmen werden, spielt hierbei keine Rolle. Bei der Liquiditätsbetrachtung ist es dagegen wesentlich, zu welchen Zeitpunkten die Geldströme fließen. Aufgrund dieser Divergenz sind im Rahmen der Finanzanalyse sämtliche Rentabilitätsbetrachtungen unter Berücksichtigung der Liquiditätssituation vorzunehmen. Aus diesem Grund unterscheidet die Finanzanalyse finanzwirtschaftliche Kennzahlen (u. a. Liquiditätsanalyse) und erfolgswirtschaftlichen Kennzahlen (u. a. Rentabilitätsanalyse).

Liquiditäts- und Rentabilitätsanalyse

2. Ausgewählte Kennzahlen und Finanzierungsregeln

2.1 Die wichtigsten Kennzahlen

Tz. 4

Die Analyse der Finanzierung des Unternehmens wird hauptsächlich anhand von Kennzahlen vorgenommen. Die wichtigsten Kennzahlen werden in der folgenden Übersicht dargestellt.

2.1.1 Analyse der Vermögensstruktur

Tz. 5

$$\text{Anlagenintensität} = \frac{\text{Anlagevermögen}}{\text{Gesamtvermögen}} \times 100$$

$$\text{Arbeitsintensität} = \frac{\text{Umlaufvermögen}}{\text{Gesamtvermögen}} \times 100$$

$$\text{Vorratsintensität} = \frac{\text{Vorräte}}{\text{Gesamtvermögen}} \times 100$$

$$\text{Umschlagshäufigkeit (Gesamtkapital)} = \frac{\text{Umsatz}}{\text{durchschnittl. Gesamtvermögen}}$$

$$\text{Umschlagshäufigkeit (Vorräte)} = \frac{\text{Umsatz}}{\text{durchschnittl. Vorräte}}$$

$$\text{Umschlagshäufigkeit (Forderungen)} = \frac{\text{Umsatz}}{\text{durchschnittl. Forderungen}}$$

$$\text{Umschlagsdauer (Vorratsvermögen)} = \frac{\text{durchschnittl. Vorräte}}{\text{Umsatzerlöse}} \times 365$$

$$\text{Umschlagsdauer (Kundenziel)} = \frac{\text{durchschnittl. Ford. LL}}{\text{Umsatzerlöse}} \times 365$$

$$\text{Umschlagsdauer (Lieferantenziel)} = \frac{\text{durchschnittl. Verb. LL}}{\text{Materialaufwand/Wareneinsatz}} \times 365$$

$$\text{Investitionsquote} = \frac{\text{Netto-Investitionen d. SAV}}{\text{Anfangsbestand SAV zu AHK}} \times 100$$

Netto-Investitionen =
$BW_{Ende} - BW_{Anfang} + AfA$
oder
Zugänge - RBW Anlagenabgänge =
Zugänge - (BW_{Anfang} + Zugänge - AfA lfd. Jahr - BW_{Ende})

$$\text{Abschreibungsquote} = \frac{\text{AfA d. Geschäftsjahres d. SAV}}{\text{Bestand SAV zu AHK am Periodenende}} \times 100$$

$$\text{durchschnittl. ND} = \frac{100}{\text{Abschreibungsquote}}$$

$$\text{Anlagenabnutzungsgrad} = \frac{\text{kumulierte AfA auf SAV}}{\text{Bestand SAV zu AHK am Periodenende}} \times 100$$

$$\text{Wachstumsrate} = \frac{\text{Nettoinvestitionen d. SAV}}{\text{AfA SAV}}$$

$$\text{Investitionsdeckung} = \frac{\text{AfA d. SAV}}{\text{Zugänge SAV}} \times 100$$

2.1.2 Finanzanalyse

Tz. 6

$$\text{EK-Quote} = \frac{\text{Eigenkapital}}{\text{Gesamtkapital}} \times 100$$

$$\text{Anspannungskoeffizient} = \frac{\text{Fremdkapital}}{\text{Gesamtkapital}} \times 100$$

$$\text{Verschuldungsgrad V}^1 = \frac{\text{Fremdkapital}}{\text{Eigenkapital}} \times 100$$

$$\text{Anlagenintensität} = \frac{\text{Anlagevermögen}}{\text{Gesamtvermögen}} \times 100$$

$$\text{Anlagendeckungsgrad I (A)} = \frac{\text{Eigenkapital}}{\text{Anlagevermögen}} \times 100$$

$$\text{Anlagendeckungsgrad II (B)} = \frac{\text{Eigenkapital + langfr. Fremdkapital}}{\text{Anlagevermögen}} \times 100$$

$$\text{Anlagendeckungsgrad III (C)} = \frac{\text{Eigenkapital + langfr. Fremdkapital}}{\text{AV + eiserner Bestand d. UV}} \times 100$$

$$\text{Selbstfinanzierungsgrad} = \frac{\text{Gewinnrücklagen}}{\text{Eigenkapital}} \times 100$$

$$\text{Rücklageanteil} = \frac{\text{gesamte Rücklagen}}{\text{Eigenkapital}} \times 100$$

$$\text{Liquidität 1. Grades} = \frac{\text{liquide Mittel}}{\text{kurzfristiges Fremdkapital}} \times 100$$

$$\text{Liquidität 2. Grades} = \frac{\text{monetäres Umlaufvermögen}}{\text{kurzfristiges Fremdkapital}} \times 100$$

$$\text{Liquidität 3. Grades} = \frac{\text{Umlaufvermögen}}{\text{kurzfristiges Fremdkapital}} \times 100$$

Net Working Capital = Umlaufvermögen - kurzfristiges Fremdkapital

2.1.3 Analyse der Ertragslage

Tz. 7

$$\text{Cashflow-Umsatzrate} = \frac{\text{Cashflow}}{\text{Umsatz}} \times 100$$

$$\text{Dyn. Verschuldungsgrad}^2 = \text{Entschuldungsdauer, Schuldentilgungsdauer} = \frac{\text{FK - Pensions-RS - liq. Mittel (inkl. WP d. UV)}}{\text{Cashflow}} \times 100$$

$$\text{Innenfinanzierungsgrad d. Investitionen} = \frac{\text{Cashflow}}{\text{Zugänge des AV}} \times 100$$

---

1 Häufig wird der Verschuldungsgrad auch als Prozentzahl dargestellt.
2 Häufig wird der dynamische Verschuldungsgrad auch als Prozentzahl dargestellt.

2.1.4 Rentabilitätsanalyse

Tz. 8

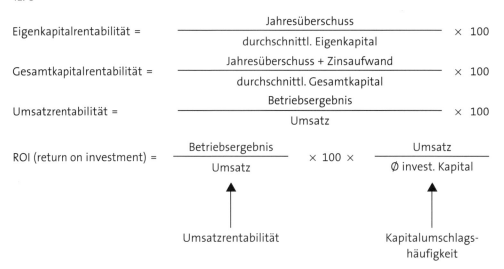

2.1.5 Analyse der Aufwandsstruktur

Tz. 9

$$\text{Personalintensität} = \frac{\text{Personalaufwand}}{\text{Gesamtaufwand}} \times 100$$

$$\text{Materialintensität} = \frac{\text{Materialaufwand}}{\text{Gesamtaufwand}} \times 100$$

2.2 Cashflow

Tz. 10

Cashflow-Bedeutung

Der Cashflow ist eine Messgröße, mit deren Hilfe man den Nettozufluss der liquiden Mittel innerhalb einer Periode beurteilen kann. Er stellt den reinen Einzahlungsüberschuss dar (ausschließlich auf eine Periode bezogene Differenz zwischen Einzahlungen und Auszahlungen) und gibt somit Auskunft über das Innenfinanzierungspotenzial eines Unternehmens. Man kann folglich erkennen, in welcher Höhe

- ▶ ein Unternehmen ohne Beteiligungs- oder Fremdfinanzierung Investitionen tätigen kann,
- ▶ Mittel für Schuldentilgungen und Zinszahlungen zur Verfügung stehen und
- ▶ Ausschüttungen an die Anteilseigner erfolgen können.

Der Cashflow ist nicht mit der Rendite gleichzusetzen. Vielmehr werden hier die Zahlungsströme betrachtet. Die indirekte Berechnungsmethode stellt auf die Liquiditätsreserven ab. Demnach stellen zahlungsunwirksame Aufwendungen wie beispielsweise Abschreibungen nicht ausgegebene finanzielle Mittel dar, die jedoch bei der Ermittlung des Jahresüberschusses als Aufwand berücksichtigt wurden. Der Jahresüberschuss ist auch auf der Einnahmenseite um derartige zahlungsunwirksame Posten (beispielsweise Erhöhung eines Beteiligungsansatzes, Auflösung von Rücklagen) zu korrigieren.

Folgendes Berechnungsschema wird bei der Ermittlung des Cashflows zugrunde gelegt: *Cashflow-Berechnung*

    Jahresüberschuss
-   +   Abschreibungen
-   +   Aufwand für Einstellungen in den Sonderposten mit Rücklageanteil
-   −   Erträge aus der Auflösung des Sonderpostens mit Rücklageanteil
-   +   Erhöhung der Pensionsrückstellungen
-   −   Verminderung der Pensionsrückstellungen
-   −   Zuschreibungen aus Wertaufholungen
-   +   a. o. Aufwand[3]
-   −   a. o. Ertrag

    Cashflow/Cashdrain[4]

2.3 Kapitalflussrechnung

Tz. 11

Ziel der Kapitalflussrechnung ist es, den Zahlungsmittelstrom eines Unternehmens transparent zu machen. Die Kapitalflussrechnung ist eine Fortentwicklung des Cashflows. Der Cashflow wird um Zahlengrößen erweitert, die sich nur in der Bilanz, aber nicht in der GuV niederschlagen. Man erhält hierdurch präzisere Aussagen über die Mittelverwendung. Die Kapitalflussrechnung zeigt die Veränderung der Liquidität und der sie bestimmenden Größen in Form von Ein- und Auszahlungen während des Abrechnungszeitraums. *Fortentwicklung des Cashflows*

Die nach IFRS/IAS[5] bzw. US-GAAP[6] aufgestellten Jahresabschlüsse sind um eine Kapitalflussrechnung zu erweitern, das deutsche Recht schreibt dies nur für den Konzernabschluss vor (§ 297 Abs. 1 HGB).

2.3.1 Struktur der Kapitalflussrechnung

Tz. 12

Im Mittelpunkt der Kapitalflussrechnung steht ein Finanzmittelfonds, der grundsätzlich aus den liquiden Mitteln und den sonstigen Wertpapieren des Umlaufvermögens gespeist wird. In der sog. Fondsänderungsrechnung wird die Veränderung des Bestandes an liquiden Mitteln dargestellt. Dieser Wert ist der Saldo aus dem Bestand an liquiden Mitteln zum Beginn und zum Ende des Wirtschaftsjahres. *Finanzmittelfonds als Mittelpunkt*

Die gewonnenen Beträge werden in der Ursachenrechnung erläutert, die sich in folgende Bereiche untergliedert:

- ▶ laufende Geschäftstätigkeit,
- ▶ Investitionsbereich und dem
- ▶ Bereich der Finanzierungsaktivitäten.

Im Bereich der laufenden Geschäftstätigkeit ergeben sich i. d. R. Überschüsse der Einzahlungen über die Auszahlungen. Diese werden betriebliche Nettoeinnahmen genannt. Im Investitionsbereich werden dagegen die Auszahlungen überwiegen. Vergleicht man die Salden dieser beiden Bereiche, ergibt sich ein Finanzbedarf oder ein Finanzüberschuss.

Im Bereich der Finanzierungsaktivitäten – auch Kapitalbereich genannt – wird gezeigt, wie durch Außenfinanzierungsmaßnahmen ein Bedarf gedeckt oder ein Überschuss verwendet wird. Eine verbleibende Differenz führt zu einer Änderung des Finanzmittelfonds. Die Richtig-

---

3 Außerordentliche Aufwendungen und Erträge beinhalten zwar zahlungswirksame Vorgänge, sind aber zu eliminieren, da sie selten anfallen und somit für die künftige Finanzkraft keine Aussagekraft haben. Seit 2016 entfällt der Ausweis von außerordentlichen Aufwendungen und Erträgen.
4 Cashdrain = negativer Cashflow.
5 IFRS = International Financial Reporting Standards; IAS = International Accounting Standards.
6 GAAP = Generally Accepted Accounting Standards.

keit dieser Änderung kann durch einen Vergleich der Bilanzpositionen für liquide Mittel und Wertpapiere des Umlaufvermögens nachgeprüft werden.

Die Darstellung der Kapitalflussrechnung beinhaltet folglich zwei Bereiche:

- Fondsveränderungsrechnung,
- Ursachenrechnung.

2.3.2 Schema einer Kapitalflussrechnung

Tz. 13

Jahresüberschuss
Abschreibungen/Zuschreibungen auf das Anlagevermögen
Veränderung der Pensionsrückstellungen
Veränderung des Sonderpostens mit Rücklageanteil
Cashflow
Gewinn aus Anlagenabgängen
Bereinigter Cashflow aus der laufenden Geschäftstätigkeit
Veränderung der Vorräte
Veränderung der Forderungen und sonstigen Vermögensgegenstände
Veränderung der kurzfristigen Verbindlichkeiten
Veränderung der aktiven/passiven Rechnungsabgrenzungsposten
Veränderung des Nettoumlaufvermögens
Veränderung der kurzfristigen Rückstellungen
Mittelzufluss aus der laufenden Geschäftstätigkeit
Investitionen
Einzahlungen aus dem Anlagenabgang
Mittelabfluss aus der Investitionstätigkeit
Ausschüttung der Dividende
Kapitalerhöhungen/Veränderung der Rücklagen
Veränderung der lang- und mittelfristigen Verbindlichkeiten
Mittelabfluss aus der Finanzierungstätigkeit
Veränderung des Finanzmittelbestandes
Finanzmittelbestand am Anfang des Geschäftsjahres
Finanzmittelbestand am Ende des Geschäftsjahres

2.3.3 Analyse der Kapitalflussrechnung

Tz. 14

Fondsänderungsnachweis — Die Veränderung des Finanzmittelbestandes, auch Fondsänderungsnachweis genannt, gibt die Veränderung der zur Verfügung stehenden Mittel an. Eine Zunahme dieses Wertes bedeutet, dass mehr Finanzmittel zur Verfügung stehen. Dies kann positiv sein, muss aber nicht. Ebenso wenig sind Abnahmen des Fonds ein Anzeichen für eine drohende Insolvenz. Gesunde Unternehmen sind in der Lage, den Finanzmittelbestand durch Freisetzung stiller Reserven entsprechend anzuheben.

Mehr als bei den anderen Instrumenten der kennzahlenbasierten Analyse muss bei der Aufstellung der Kapitalflussrechnung und der Ermittlung des Finanzmittelbestandes nach den Hintergründen geforscht werden.

Tz. 15

So kann ein Ansteigen des Fonds bedeuten, dass Beteiligungserwerbungen im großen Stil geplant sind oder umfangreiche Sachinvestitionen durchgeführt werden sollen. Dies kann jeweils Auswirkungen auf die Anzahl der Arbeitsplätze im Unternehmen haben. Des Weiteren kann ein Ansteigen des Finanzmittelbestandes auch dadurch begründet sein, dass die Investitionstätigkeit abgenommen hat. Nachteil eines hohen Fonds ist auch, dass cash und cash-nahe Anlagen i. d. R. wenig Rendite abwerfen.

Tz. 16

Ein Sinken des Fonds kann auf Liquiditätsanpassungen oder gar -engpässe hinweisen. Um dies aber beurteilen zu können, müssen auch andere Größen wie die Eigenkapitalquote, der Anlagendeckungsgrad und die Gesamtkapitalrentabilität betrachtet werden. Unter Umständen bedeutet ein Sinken des Finanzmittelbestandes nur, dass das Unternehmen die zur Verfügung stehenden Mittel effektiver als bisher einsetzt.

Aufschluss über die Ursachen für die Veränderung des Finanzmittelbestandes können natürlich die Salden und deren Veränderung der drei Teilbereiche des Fonds geben:

▶ Laufende Geschäftstätigkeit

Der Mittelzufluss aus der laufenden Geschäftstätigkeit sollte die erforderlichen Reinvestitionen abdecken, idealerweise aber auch für Erweiterungs-, Wachstums- und Rationalisierungsinvestitionen ausreichen. Ist dies nicht der Fall, ist die Dispositionsfreiheit aufgrund der dann erforderlichen Verschuldung eingeschränkt.

Neben der Entwicklung des Mittelzuflusses aus der laufenden Geschäftstätigkeit ist auch eine Betrachtung der einzelnen Unterpositionen erforderlich. Das Hauptaugenmerk dürfte auf der Entwicklung der Umsatzerlöse liegen, aber auch die Veränderung der Vorräte ist von enormer Bedeutung. Ein stetiges Ansteigen des Lagerbestandes ist eines der Hauptanzeichen für eine Krise. Steigen dagegen die erhaltenen Anzahlungen, lässt dies auf volle Auftragsbücher schließen.

▶ Investitionstätigkeit

Bei einem wachsenden oder zumindest auf gleichem Niveau weiterlaufenden Unternehmen werden aufgrund der erforderlichen (Ersatz-)Investitionen die Auszahlungen größer als die Zuflüsse sein. Zuflüsse ergeben sich vor allem durch Anlagenabgänge, die Substanzabbau bedeuten.

Auch der Verkauf von nicht betriebsnotwendigem Vermögen muss genauer untersucht werden: Wurde „Tafelsilber" veräußert, um kurzfristig Liquidität zu bekommen? Wenn ja, wozu wurde diese Liquidität verwendet? Wenn sie beispielsweise nur benötigt wurde, um Ausschüttungen zu ermöglichen, sind diese Finanzmittel dem Unternehmen endgültig entzogen.

Vergleicht man den Saldo der Investitionstätigkeit mit dem der laufenden Geschäftstätigkeit, lässt sich erkennen, ob die Investitionen aus dem regelmäßigen Mittelzufluss finanziert werden konnten, oder ob eine Außenfinanzierung in Anspruch genommen wurde.

▶ Finanzierungstätigkeit

Durch die Darstellung der Finanzierungstätigkeit erhält man einen Überblick über die oben nicht erfassten Verbindlichkeiten, über Kapitalerhöhungen und über Dividendenzahlungen für das Vorjahr. Man kann aus dem Kapitalbereich auch erkennen, wie eventuelle Überschüsse verwendet wurden. Wurden diese zur Schuldentilgung oder für Ausschüttungen eingesetzt? Außerdem erhält man Informationen darüber, ob ein etwaiger Finanzbedarf durch eine Erhöhung des Eigenkapitals oder durch Neuverschuldung gedeckt wurde.

2.3.4 Beispiel

Tz. 17

Ihnen liegen folgende Unterlagen der Ardbeg AG vor:
▶ Bilanz zum 31. 12. 2016 (Anlage 1)
▶ Gewinn- und Verlustrechnung für das Geschäftsjahr 2016 (Anlage 2)
▶ Anhang (Anlage 3)

In ihrem Geschäftsbericht stellt die AG den Zufluss und die Verwendung der Finanzmittel stets mithilfe einer Kapitalflussrechnung dar.

Bearbeitungshinweise:

a) Erstellen Sie die Kapitalflussrechnung für das Geschäftsjahr 2016. Dabei ist die Gliederung der Kapitalflussrechnung für das Geschäftsjahr 2015 (Anlage 4) zugrunde zu legen. Verwenden Sie für die Lösung das vorbereitete Gliederungsschema (Anlage 5).

b) Nehmen Sie kurz Stellung zu dem aus der Kapitalflussrechnung für das Geschäftsjahr 2016 ersichtlichen Finanzierungsverhalten der AG. Ziehen Sie zum Vergleich die Kapitalflussrechnung für das Geschäftsjahr 2015 (Anlage 4) heran.

Anlage 1

Bilanz der Ardbeg AG zum 31.12.2016 (in Mio. €)

Aktiva		Anhang	2016	2015
A.	Anlagevermögen	(1)		
	I. Immaterielle Vermögensgegenstände		411	322
	II. Sachanlagen		688	629
	III. Finanzanlagen		431	416
B.	Umlaufvermögen			
	I. Vorräte		243	210
	II. Forderungen und sonstige Vermögensgegenstände		819	685
	III. Wertpapiere	(2)	103	110
	IV. Liquide Mittel		419	605
C.	Aktive Rechnungsabgrenzung		4	7
Summe Aktiva			**3.118**	**2.984**

Passiva		Anhang	2016	2015
A.	Eigenkapital			
	I. Gezeichnetes Kapital		170	170
	II. Kapitalrücklage		23	21
	III. Gewinnrücklage		952	752
	IV. Bilanzgewinn		98	88
B.	Sonderposten mit Rücklageanteil		68	68
C.	Rückstellungen	(3)	967	1.031
D.	Verbindlichkeiten	(4)	805	770
E.	Passive Rechnungsabgrenzung		35	84
Summe Passiva			**3.118**	**2.984**

Anlage 2

Gewinn- und Verlustrechnung der Ardbeg AG für das Geschäftsjahr vom
1.12.2016 bis 31.12.2016 (Werte in Mio. €)

		Anhang	2016	2015
1.	Umsatzerlöse		5.069	4.811
2.	Veränderung des Bestandes an fertigen und unfertigen Erzeugnissen		14	12
3.	Sonstige betriebliche Erträge	(5)	273	396
4.	Materialaufwand		-1.741	-1.607
5.	Personalaufwand		-1.597	-1.540
6.	Abschreibungen auf immaterielle Vermögensgegenstände des Anlagevermögens und Sachanlagen		-174	-237
7.	Sonstige betriebliche Aufwendungen	(6)	-1.379	-1.345
8.	Erträge aus Beteiligungen		81	80
9.	Zinsergebnis		12	13
10.	Abschreibungen auf Finanzanlagen und Wertpapiere des Umlaufvermögens		-27	-8
11.	**Ergebnis der gewöhnlichen Geschäftstätigkeit**		531	575
12.	Steuern		-233	-299
13.	**Jahresüberschuss**		298	276
14.	Einstellung in Gewinnrücklagen		-200	-188
15.	**Bilanzgewinn**	(7)	98	88

Anlage 3

(1) Anlagenspiegel (in Mio. €)

	AHK 1.1.16	Zugänge	Abgänge	Zuschreibungen	Abschreibungen kumuliert	Abschreibungen des GJ	Buchwert 31.12.16	Buchwert 31.12.15
Immat. Vgst.	600	188	48		329	31	411	322
Sachanlagen	2.815	251	156		2.222	143	688	629
Finanzanlagen	512	60	34	8	115	23	431	416
	3.927	499	238	8	2.666	197	1.530	1.367

(2) Es handelt sich um börsengängige Wertpapiere.

	31.12.2016	31.12.2015
(3) davon Pensionsrückstellungen (im Übrigen handelt es sich um kurzfristige Rückstellungen)	463	447
(4) davon mit einer Restlaufzeit bis zu einem Jahr	651	604

	2013	2012
(5) davon Erträge aus Anlagenabgängen	14	10
(6) davon Verluste aus Anlagenabgängen	18	4

(7) Die Bilanzgewinne wurden jeweils voll ausgeschüttet.

Anlage 4

Kapitalflussrechnung der Ardbeg AG für das Geschäftsjahr vom 1.1.2015 bis 31.12.2015 (Werte in Mio. €)

Jahresüberschuss	276
Abschreibungen/Zuschreibungen auf das Anlagevermögen	241
Veränderung der Pensionsrückstellungen	22
Veränderung des Sonderpostens mit Rücklageanteil	- 9
Cashflow	**530**
Gewinn aus Anlagenabgängen	- 6
Bereinigter Cashflow aus der laufenden Geschäftstätigkeit	**524**
Veränderung der Vorräte	- 80
Veränderung der Forderungen und sonstigen Vermögensgegenstände	- 43
Veränderung der kurzfristigen Verbindlichkeiten	87
Veränderung der aktiven/passiven Rechnungsabgrenzungsposten	5
Veränderung des Nettoumlaufvermögens	**- 31**
Veränderung der kurzfristigen Rückstellungen	**- 33**
Mittelzufluss aus der laufenden Geschäftstätigkeit	**460**
Investitionen	- 330
Einzahlungen aus dem Anlagenabgang	14
Mittelabfluss aus der Investitionstätigkeit	**- 316**
Ausschüttung der Dividende	82
Veränderung der lang- und mittelfristigen Verbindlichkeiten	- 34
Mittelabfluss aus der Finanzierungstätigkeit	**- 116**
Veränderung des Finanzmittelbestandes	**28**
Finanzmittelbestand am Anfang des Geschäftsjahres	687
Finanzmittelbestand am Ende des Geschäftsjahres	**715**

Anlage 5
Kapitalflussrechnung der Ardbeg AG für das Geschäftsjahr vom
1. 1. 2016 bis 31. 12. 2016 (Werte in Mio. €)

_____   _____

_____   _____

_____   _____

_____   _____

Cashflow

_____   _____

_____   _____

_____   _____

_____   _____

_____   _____

Veränderung des Nettoumlaufvermögens
Veränderung der kurzfristigen Rückstellungen
<u>Mittelzufluss aus der laufenden Geschäftstätigkeit</u>

_____   _____

<u>Mittelabfluss aus der Investitionstätigkeit</u>

_____   _____

_____   _____

<u>Mittelabfluss aus der Finanzierungstätigkeit</u>
<u>Veränderung des Finanzmittelbestandes</u>
Finanzmittelbestand am Anfang des Geschäftsjahres
Finanzmittelbestand am Ende des Geschäftsjahres

2. Ausgewählte Kennzahlen und Finanzierungsregeln

Lösung

a)

Kapitalflussrechnung der Ardbeg AG für das Geschäftsjahr vom 1.1.2016 bis 31.12.2016 (Werte in Mio. €)

Jahresüberschuss	298
Abschreibungen/Zuschreibungen auf das Anlagevermögen	189 [1)]
Veränderung der Pensionsrückstellungen	16 [2)]
Veränderung des Sonderpostens mit Rücklageanteil	0 [3)]
Cashflow	503
Verlust aus Anlagenabgängen	4 [4)]
Bereinigter Cashflow aus der laufenden Geschäftstätigkeit	**507**
Veränderung der Vorräte	-33 [5)]
Veränderung der Forderungen und sonstigen Vermögensgegenstände	-134 [6)]
Veränderung der kurzfristigen Verbindlichkeiten	47 [7)]
Veränderung der aktiven/passiven Rechnungsabgrenzungsposten	-46 [8)]
Veränderung des Nettoumlaufvermögens	**-166**
Veränderung der kurzfristigen Rückstellungen	**-80 [9)]**
Mittelzufluss aus der laufenden Geschäftstätigkeit	**261**
Investitionen	-499 [10)]
Einzahlungen aus dem Anlagenabgang	143 [11)]
Mittelabfluss aus der Investitionstätigkeit	-356
Einzahlungen aus Eigenkapitalzuführungen	2 [12)]
Ausschüttung der Dividende	-88 [13)]
Veränderung der lang- und mittelfristigen Verbindlichkeiten	-12 [14)]
Mittelabfluss aus der Finanzierungstätigkeit	**-98**
Veränderung des Finanzmittelbestandes	**-193 [15)]**
Finanzmittelbestand am Anfang des Geschäftsjahres	715
Finanzmittelbestand am Ende des Geschäftsjahres	522

I. Ziele, Aufgaben und Instrumente des Finanzmanagements, Kennzahlen und Finanzierungsregeln

Erläuterungen:

1) Anlagenspiegel: Abschreibungen des Geschäftsjahres 197
(einschl. Finanzanlagen)
- Zuschreibungen 8
189

2) 463 - 447 = 16
3) 68 - 68 = 0
4) Gewinn- und Verlustrechnung (Anhang 5 und 6): 18 - 14 = 4
5) 243 - 210 = 33
6) 819 - 685 = 134
7) 651 - 604 = 47
8) Passive RAP: 35 - 84 = - 49
   - Aktive RAP: 4 - 7 = - 3
   - 46

9)

	31.12.2016	31.12.2015	
Rückstellungen gesamt	967	1.031	
Pensionsrückstellungen	463	447	
= kurzfristige Rückstellungen	504	- 584	= - 80

10) Zugänge lt. Anlagenspiegel
11) Anlagenspiegel:
1.367 + 499 + 8 - 197 - 1.530 =   147   Buchwert der Anlagenabgänge
                                    - 4   Verlust aus Anlagenabgängen
                                    143

12) Kapitalrücklage: 23 - 21 = 2
13) Gewinn- und Verlustrechnung 2015: Bilanzgewinn

14)

	31.12.2016	31.12.2015	
Verbindlichkeiten gesamt	805	770	
- kurzfristige Verbindlichkeiten	651	604	
= lang- und mittelfristige Verbindlichkeiten	154	- 166	= - 12

15)

	31.12.2016	31.12.2015	
Wertpapiere des Umlaufvermögens	103	110	
+ flüssige Mittel	419	605	
= Finanzmittelbestand	522	- 715	= - 193

b)

Die Zunahme des Nettoumlaufvermögens (166 Mio. €) sowie besonders der Abbau der kurzfristigen Rückstellungen (80 Mio. €) verminderten den Mittelzufluss aus der laufenden Geschäftstätigkeit auf 261 Mio. €. Dieser reichte nicht aus, um die im Vergleich zum Vorjahr erheblich gestiegenen Nettoinvestitionen von 356 Mio. € und den Mittelabfluss aus der Finanzierungstätigkeit von 98 Mio. € abzudecken. Der im Gegensatz zum Vorjahr insgesamt negative Saldo aus laufender Geschäfts-, Investitions- und Finanzierungstätigkeit i. H. von 193 Mio. € wurde dem Finanzmittelfonds entnommen. Dies erscheint im Hinblick auf den am Ende des Geschäftsjahres noch vorhandenen Bestand von 522 Mio. € unbedenklich.

2.4 Finanzierungsregeln

2.4.1 Vertikale Finanzierungsregeln

2.4.1.1 Vermögensstruktur

Tz. 18

Als Vermögensstruktur bezeichnet man die bilanzielle Zusammensetzung des Betriebsvermögens aus Anlage- und Umlaufvermögen. Die Aktiva einer Bilanz spiegelt wider, in welcher Form das zur Verfügung stehende Eigen- und Fremdkapital investiert wurde. Die Werte, die errechnet werden, sollten aber nicht branchenübergreifend verglichen werden. So hat die produzierende Industrie ein wesentlich höheres Anlagevermögen als der Handel.

Anlage- und Arbeitsintensität

Als erster Schritt werden das Anlage- und das Umlaufvermögen ins Verhältnis zum Gesamtvermögen gesetzt:

$$\text{Anlageintensität} = \frac{\text{Anlagevermögen}}{\text{Gesamtvermögen}} \times 100$$

$$\text{Arbeitsintensität} = \frac{\text{Umlaufvermögen}}{\text{Gesamtvermögen}} \times 100$$

Je größer der Anteil des Umlaufvermögens ist, desto größer ist die Liquidität des Unternehmens, da ein hohes Umlaufvermögen durch den schnellen Umschlag normalerweise kurzfristig Liquidität freisetzt, über die dann verfügt werden kann. Ein Nachteil eines großen Anteils an Anlagevermögen bedeutet meist, dass hohe Fixkosten vorhanden sind. Diese können im Krisenfall oftmals nur schwer reduziert werden.

Ist die Anlageintensität niedrig, kann dies aber auch negative Gründe haben. So kann es ein Zeichen dafür sein, dass die Maschinen überaltert sind und bald ersetzt werden müssen. Um diese Erkenntnis zu erhalten, müssen noch weitere Kennziffern hinzugezogen werden (z. B. Anlagenabnutzungsgrad und Investitionsquote).

Eine weitere wichtige Aussagekraft hat die Kennziffer der Vorratsintensität:

Vorratsintensität

$$\text{Vorratsintensität} = \frac{\text{Vorräte}}{\text{Gesamtvermögen}} \times 100$$

Steigt die Vorratsintensität an, bedeutet dies, dass zunehmend mehr Kapital in den Beständen gebunden ist und das Unternehmen weniger liquide wird. Für die Steigerung können Absatzschwierigkeiten, Einkauf von großen Mengen bzw. mangelhafte Lagerorganisation die Ursache sein.

2.4.1.2 Kapitalstruktur

Tz. 19

Das Kapital setzt sich aus Eigen- und Fremdkapital zusammen. Die Höhe des Eigenkapitals ist von besonderer Bedeutung, da dieses nicht von Kreditgebern abhängig ist und für die Gläubiger Haftungskapital darstellt. Das Fremdkapital steht dem Unternehmen im Regelfall nur zeitlich begrenzt zur Verfügung. Grundsätzlich ist es zwar erstrebenswert, möglichst wenig Fremdkapital zu benötigen. Durch den Einsatz von kostengünstigem Fremdkapital kann jedoch die Rentabilität des Eigenkapitals gesteigert werden, wenn die Kosten einer fremdfinanzierten Investition geringer sind als die Rentabilität der Investition (sog. Leverage-Effekt). Auf dieses Phänomen wird unter Tz. 92 noch eingegangen.

Eigen- vs. Fremdkapital

Ein Nachteil eines hohen Eigenkapitals ist, dass die Eigenfinanzierung in Folge der hohen steuerlichen Belastung und des Dividendenanspruchs der Aktionäre sehr teuer ist. Der Anteil des Eigenkapitals am Gesamtkapital kann mittels folgender Formel ausgedrückt werden:

$$\text{Eigenkapitalquote} = \frac{\text{Eigenkapital}}{\text{Gesamtkapital}} \times 100$$

Eigenkapitalquote

Je höher die Eigenkapitalquote eines Unternehmens ist, desto größer ist seine Unabhängigkeit von Kreditgebern.

Die zur Berechnung der Eigenkapitalquote dargestellte Formel wird für Zwecke der Beurteilung der Kapitalstruktur modifiziert:

1:1-Regel	$\text{Fremdkapital}/\text{Eigenkapital} \leq 1$
2:1-Regel	$\text{Fremdkapital}/\text{Eigenkapital} \leq 2$
3:1-Regel	$\text{Fremdkapital}/\text{Eigenkapital} \leq 3$

Die 1:1-Regel gilt als optimal, wird aber sehr selten erreicht. Wird die 2:1-Regel erfüllt, gilt das Unternehmen i. d. R. als gesund. Die 3:1-Regel wird in der Theorie als gerade noch tolerierter Grenzwert gesehen.

2.4.2 Horizontale Finanzierungsregeln

2.4.2.1 Goldene Bilanzregel

Tz. 20

Goldene Bilanzregel

Eines der wichtigsten Ziele bei der Optimierung der Kapitalstruktur eines Unternehmens ist, dass die sog. Fristenkongruenz gewahrt ist. Dies bedeutet, dass die Vermögensbestandteile (Anlage- bzw. Umlaufvermögen) entsprechend der Verweildauer im Unternehmen finanziert werden müssen. Langfristig im Unternehmen befindliches Vermögen soll durch langfristiges Kapital finanziert werden. Dieser Grundsatz wird die Goldene Bilanzregel genannt und durch folgende Formeln ermittelt:

Goldene Bilanzregel im engeren Sinne	$\text{Anlagevermögen}/\text{Eigenkapital} \leq 1$
Goldene Bilanzregel im weiteren Sinne	$\text{Anlagevermögen}/(\text{Eigenkapital} + \text{langfristiges Fremdkapital}) \leq 1$

Die Goldene Bilanzregel im engeren Sinne kommt in der Praxis kaum zur Anwendung, da dem Unternehmen nicht nur Eigenkapital sondern auch langfristiges Fremdkapital dauerhaft zur Verfügung steht.

2.4.2.2 Goldene Finanzierungsregel

Tz. 21

Goldene Finanzierungsregel

Die Fristenkongruenz kommt auch in der Goldenen Finanzierungsregel zum Tragen:

$\text{Kurzfristiges Vermögen}/\text{Kurzfristiges Kapital} \geq 1$

$\text{Langfristiges Vermögen}/\text{Langfristiges Kapital} \leq 1$

Die Goldene Finanzierungsregel unterscheidet sich von der Goldenen Bilanzregel hinsichtlich der Aussagekraft kaum: Ziel des Unternehmens sollte es sein, nicht weniger kurzfristiges Vermögen als kurzfristiges Kapital bzw. nicht mehr langfristiges Vermögen als langfristiges Kapital zu besitzen.

3. Finanzmärkte und ihre Funktionen für das Unternehmen

Tz. 22

Geldmarkt

Geldmarkt

Als Geldmarkt bezeichnet man den Markt, auf dem zwischen Kreditinstituten (Interbankengeldmarkt) oder zwischen Kreditinstituten und der Zentralbank (Regulierungsgeldmarkt) kurzfristige Finanzmittel gehandelt werden.

Die Geldmarktsätze liegen i. d. R. unter den Kapitalmarktsätzen. Der Geldmarkt wird als angespannt bezeichnet, wenn die Zinssätze steigen und als entspannt, wenn die Zinssätze sinken. Die Situation am europäischen Geldmarkt wird somit maßgeblich durch die Geldpolitik der Europäischen Zentralbank (EZB) beeinflusst.

Tz. 23

Kapitalmarkt

Kapitalmarkt

Den Gegensatz zum Geldmarkt bildet der Kapitalmarkt. Dieser ist also der Markt für langfristige Kredite und Kapitalanlagen, insbesondere für langfristige Wertpapiere, wie Anleihen oder

Renten, und für Aktien. Der Kapitalmarkt wird in den Primärmarkt und den Sekundärmarkt unterteilt:

- Im Primärkapitalmarkt werden neu herausgegebene Wertpapiere (sog. Neuemissionen) zur Aufnahme von Kapital angeboten und von Investoren nachgefragt.
- Im Sekundärkapitalmarkt werden bereits bestehende Finanzierungstitel zwischen den Marktteilnehmern gehandelt.

Tz. 24

Devisenmarkt

Der Devisenmarkt, auch FOREX[7] oder FX-Markt genannt, ist der weltumspannende Markt, auf dem Fremdwährungen gehandelt werden. Die Währungen werden hierbei immer in Paaren gehandelt. Es ist also nicht möglich, beispielsweise nur Yen zu kaufen: Man tauscht immer zwei Währungen, also z. B. Euro gegen Yen. FOREX ist nicht an eine bestimmte Börse oder Handelsplatz gebunden. Vielmehr wird der komplette Handel über ein Netz von Banken abgewickelt, den sog. Interbankenmarkt.

FOREX

Tz. 25

Markt für Zinsmanagementinstrumente

Die wichtigsten Zinsmanagementinstrumente sind Derivate. Hierbei handelt es sich um meist an Terminbörsen gehandelte Verträge über den zukünftigen Kauf oder Verkauf traditioneller Finanzinstrumente zu bereits am Tag des Vertragsschlusses vereinbartem Preis (Terminkontrakt) oder um Verträge über Rechte zu künftigem Kauf oder Verkauf (Optionen). Ein Vorteil des Handels mit Derivaten ist, dass man mit einem relativ geringen Kapitaleinsatz an der Kursentwicklung des Basisinstruments (z. B. Anleihen, Aktien, Rohstoffe) überproportional profitiert. Darüber hinaus kann man Derivate auch zur Absicherung gegen Kursschwankungen des Basisinstruments verwenden.

Terminbörsen

Tz. 26

Kassa- und Terminmärkte

Im Kassamarkt (auch Spot- oder Effektivmarkt genannt) werden die Handelsgeschäfte sofort ausgeführt. Dies bedeutet, dass die Preisfeststellung für die Wertpapiertransaktion mit deren Erfüllung zeitlich zusammenfällt. Beim Terminmarkt wird der Tag der Erfüllung dagegen in die Zukunft verlagert (mindestens drei Werktage). Hier legt also ein heute geschlossener Vertrag die Konditionen für eine Wertpapiertransaktion in der Zukunft fest.

Spot- oder Effektivmarkt

Tz. 27

Inlands- und Auslandsmärkte

Wie der Name „Inlandsmarkt" zum Ausdruck bringt, ist hiermit der Markt innerhalb Deutschlands gemeint. Der Gegensatz zu diesem Terminus ist der Auslands- oder Weltmarkt.

Inlandsmarkt ≠ Binnenmarkt

Der Begriff Binnenmarkt deckt sich aus deutscher Sicht nicht mit dem Inlandsmarkt. Ein Binnenmarkt ist ein Gebiet ohne wirtschaftliche und rechtliche Grenzen, wie die Europäische Union. Weitere große Binnenmärkte sind die USA, China oder Russland. In diesen Fällen sind die Begriffe Inlands- und Binnenmarkt weitgehend deckungsgleich.

Tz. 28

Euromarkt

Als Euromarkt wird das Gebiet bezeichnet, in dem Finanztransaktionen in Fremdwährungen gehandelt werden. So bezeichnet der Begriff Euro-Dollarmarkt beispielsweise einen Markt für auf Dollar lautende Anleihen oder sonstige Finanzpositionen im Euroraum. Die auf diesem Markt umgesetzten Gelder werden als Eurodollar bezeichnet.

Euromarkt

---

7 Foreign Exchange Market.

Fragen

1.) Wer muss bei einer AG einen Insolvenzantrag stellen? Wo ist dies geregelt?
Der Vorstand einer AG ist spätestens drei Wochen nach Eintritt der Zahlungsunfähigkeit bzw. Überschuldung verpflichtet, einen Insolvenzantrag zu stellen. Einzelheiten regelt die Insolvenzordnung (Tz. 2).

2.) In welcher Größe wird der Einzahlungsüberschuss eines Unternehmens ausgedrückt?
Im Cashflow (Tz. 10)

3.) Wie ermittelt sich die Anlageintensität?
Bei der Ermittlung der Anlageintensität wird das Anlagevermögen zum Gesamtvermögen ins Verhältnis gesetzt (Tz. 18).

4.) Welchen Wert sollte das Fremdkapital im Verhältnis zum Eigenkapital in einem „gesunden" Unternehmen maximal aufweisen?
Das Fremdkapital sollte maximal doppelt so hoch wie das Eigenkapital sein (Tz. 19).

5.) Welche beiden Größen werden bei der Ermittlung der Goldenen Bilanzregel im engeren Sinne herangezogen?
Anlagevermögen und Eigenkapital (Tz. 20)

6.) Was versteht man unter der Goldenen Finanzierungsregel?
Die Goldene Finanzierungsregel besagt, dass das Unternehmen nicht weniger kurzfristiges Vermögen als kurzfristig verfügbares Kapital aufweisen sollte. Nur so ist die Fristenkongruenz gewahrt (Tz. 21).

7.) Welche Art von Wertpapieren werden im Primärkapitalmarkt gehandelt?
Neuemissionen (Tz. 23)

8.) Was bedeutet die Abkürzung FOREX?
*FOREX steht für **For**eign **Ex**change Market und bezeichnet den weltumspannenden Markt, auf dem Fremdwährungen gehandelt werden (Tz. 24).*

II. Finanz- und Liquiditätsplanungen sowie Sicherung der Zahlungsbereitschaft

1. Finanz- und Liquiditätsplanung im System der Unternehmensplanung

1.1 Strategische Planung

Tz. 29

Die Strategische Planung eines Unternehmens definiert die unternehmerischen Ziele und versucht, künftige Chancen und Risiken zu würdigen. Sie ist selten kurzfristig (< 2 Jahre), meist jedoch mittelfristig (2 bis 4 Jahre) oder langfristig (4 bis 8 Jahre) ausgerichtet. Im Rahmen der Strategischen Planung werden Märkte und Produkte analysiert. Man versucht eine Strategie zu finden, die den künftigen Erfolg des Unternehmens gewährleisten soll. Es wird dabei ein Programm festgelegt, auf welchen Märkten ein Unternehmen mit welchen Produkten aktiv sein und in welcher Form der Wettbewerb bestritten werden soll. Die Strategische Planung läuft meist in folgenden Schritten ab:

1. Festlegung der Strategischen Ziele unter Berücksichtigung der Strategischen Grundhaltung des Unternehmens
2. Analyse des Umfelds, also beispielsweise der Märkte, der Branchenkultur, der wirtschaftlichen, der rechtlichen und der gesellschaftlichen Rahmenbedingungen
3. Entwicklung von Strategien für das gesamte Unternehmen (sog. Normstrategien)
4. Umsetzung der Strategien

Schritte der strategischen Planung

Die Strategische Planung ist meist Aufgabe der oberen Hierarchieebenen und ggf. des Aufsichtsrats, bedarf aber auch der Unterstützung der Basis.

1.2 Operative Planung

Tz. 30

Die Operative Planung ist im Gegensatz zur Strategischen Planung auf die laufenden Geschäftsprozesse ausgerichtet. Im Rahmen der Operativen Planung werden also, aufbauend auf der Strategischen Planung, die Parameter für das tägliche Handeln definiert. So wird beispielsweise versucht, eine möglichst wirtschaftliche Nutzung der Ressourcen zu erreichen. Dies kann durch Maschinenbelegungspläne, Materialbedarfsplanung, gezielte Marketingmaßnahmen und dergleichen erreicht werden. Die Operative Planung ist meist Aufgabe des mittleren Managements und der Basis.

1.3 Taktische Planung

Tz. 31

Unter Taktischer Planung versteht man die meist kurz- bis mittelfristige Planung, mithilfe derer die Strategische Planung definiert wird. Dies bedeutet, dass im Rahmen der Taktischen Planung die Details der Umsetzung der Strategischen Planung unter Berücksichtigung aller relevanten inner- und außerbetrieblichen Gegebenheiten analysiert werden. Da die Taktische Planung oftmals kurzfristiger als die Strategische Planung angelegt ist, führt sie zu präziseren Ergebnissen.

2. Finanzplanung

2.1 Einzahlungen und Auszahlungen – Einnahmen und Ausgaben

Tz. 32

Einzahlungen und Auszahlungen

Jede Zunahme von liquiden Mitteln wird als Einzahlung bezeichnet, jede Abnahme als Auszahlung. Durch Ein- und Auszahlungen verändert sich der Bestand an liquiden Mitteln. Dieser

Einzahlung – Auszahlung

II. Finanz- und Liquiditätsplanungen sowie Sicherung der Zahlungsbereitschaft

wird als Zahlungsmittelbestand bezeichnet und umfasst neben Kassenbeständen auch jederzeit verfügbare Bankguthaben und Kreditlinien.

Tz. 33
Einnahmen und Ausgaben

Einnahmen – Ausgaben

Der Grundsatz lautet: „Jede Einzahlung ist eine Einnahme – jede Auszahlung ist eine Ausgabe."

Umgekehrt gilt diese Regel jedoch nicht! Dies liegt daran, dass Zugänge von Forderungen und Verbindlichkeiten zu Einnahmen und Ausgaben, nicht jedoch zu Einzahlungen und Auszahlungen führen.

Da die Finanzplanung die Zahlungssicherheit gewährleisten soll, wird hier stets auf Einzahlungen und Auszahlungen abgestellt.

2.2 Finanzplan

2.2.1 Allgemeines

Tz. 34

Während bei Gründungs- und Erweiterungsphasen eine projektspezifische Investitionsrechnung aufgestellt wird,[8] muss daneben eine kontinuierliche Finanzplanung erfolgen. Hierbei wird die Liquiditätsentwicklung meist wie folgt dargestellt:

	Anfangsbestand an Zahlungsmitteln
+	Einzahlungen
-	Auszahlungen
=	Endbestand an Zahlungsmitteln

Die genannten Größen werden als Planwert und sobald vorhanden als Istwert nebeneinander gestellt.

Erfassung aller Zahlungsströme

Im Rahmen der Finanzplanung werden die zu erwartenden Einzahlungen und Auszahlungen einander gegenüber gestellt, um für jeden Zeitpunkt errechnen zu können, ob die Einzahlungen die Auszahlungen zeitgerecht decken und welche Maßnahmen erforderlich sind, um eventuelle Unterdeckungen auszugleichen. In der Finanzplanung müssen daher lückenlos und zeitlich genau alle Daten der künftigen Zahlungsströme enthalten sein.

2.2.2 Beispiel eines Finanzplans

Tz. 35

Folgende Daten sind aus den Unterlagen zur Schlussbilanz zum 31.12.2016 der A & B AG ersichtlich:

Forderungen aus Lieferungen und Leistungen	600 T€
Sonstige Forderungen	90 T€
davon mit einer Restlaufzeit von mehr als einem Jahr	25 T€
Bundesbankfähige Wechsel	100 T€
Kassenbestand und Guthaben bei Kreditinstituten	720 T€
Sonstige Rückstellungen	135 T€
Verbindlichkeiten gegenüber Kreditinstituten	1.800 T€
davon mit einer Restlaufzeit bis zu einem Jahr (im Januar 2012)	165 T€
Verbindlichkeiten aus Lieferungen und Leistungen	550 T€
Verbindlichkeiten aus der Annahme von Wechseln	110 T€
Sonstige Verbindlichkeiten	180 T€

---

8 Vgl. Tz. 135 ff.

- Die sonstigen Forderungen sind im März fällig.
- Die Besitzwechsel werden im Februar diskontiert (Diskontzinsen sind nicht zu berücksichtigen).
- Die sonstigen Rückstellungen werden im Januar zu 2/3 und im März zu 1/3 ausgabewirksam.
- Im Januar ist eine Darlehens-Annuität von 285 T€ zu zahlen (Zinsanteil 120 T€).
- Die Schuldwechsel sind im Februar fällig, die sonstigen Verbindlichkeiten werden im März bezahlt.
- Zahlungen von Kunden aus dem Bestand der Forderungen aus Lieferungen und Leistungen:

    Januar 50 %   Februar 15 %   März 25 %   (April 10 %)

- Zahlungen an Lieferanten aus dem Bestand an Verbindlichkeiten aus Lieferungen und Leistungen:

    Januar 60 %   Februar 20 %   März 10 %   (April 5 %)

- Die monatlichen Umsatzerlöse betragen netto 800 T€.
- Die Hälfte der Kunden zahlt noch im gleichen Monat, 20 % zahlen im Folgemonat, 15 % der Forderungen gehen nach 60 Tagen ein, und weitere 15 % werden erst nach drei Monaten oder später bezahlt.
- Mit folgenden zahlungswirksamen Ausgaben pro Monat ist zu rechnen:

Material	230 T€
Personalkosten	220 T€
Betriebsaufwand	125 T€
Allgemeiner Verwaltungsaufwand	60 T€
Sonstiger ausgabewirksamer Aufwand	24 T€
Kleinere Investitionen und geringwertige Wirtschaftsgüter	13 T€

- In den Sachausgaben sind jeweils 19 % Vorsteuer enthalten.
- Die Umsatzsteuerzahllast ist jeweils am 10. Kalendertag des Folgemonats fällig.

Bearbeitungshinweise:

Erstellen Sie den Finanzplan für das I. Quartal des Jahres 2017 (Rundung auf volle T€). Verwenden Sie hierfür das auf der nächsten Seite abgedruckte Lösungsblatt.

II. Finanz- und Liquiditätsplanungen sowie Sicherung der Zahlungsbereitschaft

Finanzplan I. Quartal 2017 (Werte in T€)	Januar	Februar	März
Anfangsbestand			
Einnahmen			
aus Bilanz:			
Forderungen aus Lieferungen und Leistungen			
Sonstige Forderungen			
Besitzwechsel			
aus laufendem Jahr:			
Umsatzeinnahmen			
Summe der Einnahmen			
Ausgaben			
aus Bilanz:			
Rückstellungen			
Tilgung Darlehen			
Verbindlichkeiten aus Lieferungen und Leistungen			
Wechselverbindlichkeiten			
Sonstige Verbindlichkeiten			
aus laufendem Jahr:			
Material			
Personalaufwand			
Betriebsaufwand			
Verwaltungsaufwand			
Sonstiger ausgabewirksamer Aufwand			
Kleinere Investitionen und geringwertige Wirtschaftsgüter			
Zinsen für Darlehen			
USt-Zahllast			
Summe der Ausgaben			
Zahlungsmittel-Bestand			

Lösungshinweise:

Finanzplan I. Quartal 2017 (Werte in T€)	Januar	Februar	März
Anfangsbestand	720	119	3
Einnahmen			
aus Bilanz:			
Forderungen aus Lieferungen und Leistungen	300	90	150
Sonstige Forderungen			65
Besitzwechsel		100	
aus laufendem Jahr:			
Umsatzeinnahmen	476	666	809
Summe der Einnahmen	776	856	1.024
Ausgaben			
aus Bilanz:			
Rückstellungen		90	45
Tilgung Darlehen	165		
Verbindlichkeiten aus Lieferungen und Leistungen	330	110	55
Wechselverbindlichkeiten		110	
Sonstige Verbindlichkeiten			180
aus laufendem Jahr:			
Material	230	230	230
Personalaufwand	220	220	220
Betriebsaufwand	125	125	125
Verwaltungsaufwand	60	60	60
Sonstiger ausgabewirksamer Aufwand	24	24	24
Kleinere Investitionen und geringwertige Wirtschaftsgüter	13	13	13
Zinsen für Darlehen	120		
USt-Zahllast		80	80
Summe der Ausgaben	1.377	972	1.032
Zahlungsmittel-Bestand	119	3	- 5

Berechnungen zum Finanzplan:

monatliche Umsatzerlöse	800 T€			
19 % USt	152 T€			
Forderungszugang (monatlich)	952 T€			
Zahlungseingänge		Januar	Februar	März
50 % im laufenden Monat		476 T€	476 T€	476 T€
20 % im Folgemonat (Rundung)			190 T€	190 T€
15 % nach 60 Tagen (Rundung)				143 T€
		476 T€	666 T€	809 T€

Umsatzsteuerzahllast:

monatliche Umsatzsteuer (800 T€ × 19 %)	152 T€
Vorsteuer (19 % im Hundert aus Sachausgaben i. H. von 452 T€)	72 T€
USt-Zahllast	80 T€

Auswertungen:

Im Januar 2017 lässt sich eine massive Überliquidität feststellen. Es sollten bereits bei der ersten Aufstellung des Finanzplans Möglichkeiten zur kurzfristigen Anlage dieser Mittel geprüft werden. Eine Rückführung von aufgenommenen Krediten kommt wohl nicht in Betracht, da das vorhandene Liquiditätspolster in den Folgemonaten vollständig aufgezehrt wird. Es muss jedoch kritisch angemerkt werden, dass die Überliquidität nicht auf den Ein- und Auszahlungen des Monats Januar beruht, sondern ausschließlich auf den hohen Anfangsbestand zurückzuführen ist.

Im Februar 2017 ergibt sich eine minimale Überliquidität. Ungeachtet dessen muss jedoch vorsichtig agiert werden: Zum einen kann man dem Finanzplan nicht entnehmen, wie sich die Liquidität innerhalb des Monats (quasi an jedem Tag) entwickelt. Zum anderen kann eine leichte Veränderung der Zahlungsströme zu einer Unterliquidität führen.

Im März 2017 wird eine leichte finanzielle Unterdeckung erwartet. Es sollte überlegt werden, ob Ein- oder Auszahlungen so beeinflusst werden können, dass die Liquidität sichergestellt ist: Eventuell lassen sich Auszahlungen verzögern oder gar vermindern. Wird keine Möglichkeit der Optimierung von Ein- oder Auszahlungen gesehen, sollte rechtzeitig überlegt werden, welche Liquiditätsreserven verflüssigt werden könnten.

2.2.3 Bildung von Liquiditätsreserven

Tz. 36

In der Praxis bietet es sich an, Liquiditätsreserven zu bilden, um etwaige Risiken aufzufangen. Dies kann durch den vorsichtigen Ansatz der Planwerte (indirekt), oder durch das Vorhalten eines Liquiditätspolsters (direkt) erfolgen.

Indirekte Methode

Bei der indirekten Methode werden die Planwerte vorsichtig, d. h. unter Berücksichtigung von Sicherheitsspannen, angesetzt. Hierbei wird bewusst von dem Wert abgewichen, den man als realistisch bzw. wahrscheinlich einschätzt. Die Sicherheitsspanne ist meist in Aufgaben vorgegeben, in der Praxis beruht sie entweder auf Erfahrungen aus der Vergangenheit oder wird pauschal mit 3 bis 5 % angenommen.

Ein Nachteil dieser Vorgehensweise ist, dass die Aussagekraft des Finanzplans gemindert wird.

Finanzplan	Geschätzter Wert	Sicherheitsspanne	Angesetzter Wert
Anfangsbestand	100.000 €		100.000 €
Einzahlungen	600.000 €	− 4 %	576.000 €
Auszahlungen	500.000 €	+ 4 %	520.000 €
Endbestand	200.000 €		156.000 €

Direkte Methode

Bei der direkten Methode, die zusätzlich, aber auch an Stelle der indirekten Methode angewendet wird, werden Liquiditätspolster durch Zahlungsmittel geschaffen. Hierbei kann es sich um folgende Bereiche handeln:

▶ **Zahlungskraftreserve**: Kassenbestände, Bankguthaben, nicht ausgeschöpfte Kreditlinien
▶ **Vermögensreserve**: Diskontierbare Wechsel, werthaltige Forderungen, kurzfristig veräußerbare Wertpapiere
▶ **Finanzierungsreserve**: erwartete bzw. noch nicht bereitgestellte Kredite, kurzfristig mögliche Eigenkapitalzuführungen

2.3 Verfeinerte Berechnungsmethoden

Tz. 37

Im obigen Beispiel (Tz. 35) wurden die zukünftigen Werte gegeben. In der Praxis dürfte es jedoch vielfach kaum möglich sein, die einzelnen Einnahmen und Ausgaben ohne Weiteres vorherzusagen. Aus diesem Grund bedient man sich häufig der extrapolierenden Prognose. Bei diesem Verfahren wird aus der Entwicklung einer Plangröße in der Vergangenheit die Entwicklung dieser Plangröße in der Zukunft vorhergesagt. Um Schwankungen in vergangenen Perioden auszugleichen, müssen diese geglättet werden. Hierzu gibt es verschiedene Verfahren, die im Folgenden näher erläutert werden.

2.3.1 Gleitendes Mittelwert-Verfahren

Tz. 38

Das Gleitende Mittelwert-Verfahren ist eine relativ einfache Form der extrapolierenden Prognose. Bei diesem Verfahren werden die Zahlen der Vergangenheit ohne eine weitere Modifizierung zur Prognose verwendet. Es werden lediglich die Werte von einer bestimmten Anzahl an Vorperioden addiert und durch die Zahl der betrachteten Perioden dividiert:

$$V = \frac{T_1 + T_2 + T_3 + \ldots + T_n}{n}$$

V = Vorhersagewert für die nächste Periode

T_x = Wert des Zahlungsstroms der jeweiligen Periode

n = Anzahl der betrachteten Perioden

In den letzten fünf Perioden haben sich die Kosten für Bürobedarf wie folgt entwickelt:

Periode 1:	8.000 €
Periode 2:	9.000 €
Periode 3:	7.000 €
Periode 4:	7.500 €
Periode 5:	7.250 €

Aufbauend auf diesen Zahlen wird für die sechste Periode folgender Zahlungsstrom prognostiziert:

$$V = \frac{8.000 + 9.000 + 7.000 + 7.500 + 7.250}{5} = 7.750 €$$

Belaufen sich die tatsächlichen Ausgaben der sechsten Periode nun auf 7.400 € ergibt sich für die siebte Periode folgende Prognose:

$$V = \frac{9.000 + 7.000 + 7.500 + 7.250 + 7.400}{5} = 7.630\,€$$

Ein Nachteil der Prognose anhand des Gleitenden Mittelwert-Verfahrens ist, dass etwaige Trends sich nur mit zeitlicher Verzögerung auswirken. Dies ist dadurch begründet, dass alle Daten gleich gewichtet sind.

2.3.2 Gewogenes Gleitendes Mittelwert-Verfahren

Tz. 39

Dieser Nachteil wird mit dem Gewogenen Gleitenden Mittelwert-Verfahren ausgeglichen. Besonderheit dieses Verfahrens ist, dass jüngere Perioden einen größeren Anteil am Ergebnis haben.

Aufbauend auf obigem Beispiel sollen die Perioden folgende Gewichtung haben:

Periode 1:	10 %
Periode 2:	15 %
Periode 3:	20 %
Periode 4:	25 %
Periode 5:	30 %

Basierend auf diesen Zahlen wird für die sechste Periode folgender Zahlungsstrom prognostiziert:

$$V = \frac{8.000 \times 10 + 9.000 \times 15 + 7.000 \times 20 + 7.500 \times 25 + 7.250 \times 30}{100} = 7.600\,€$$

Der prognostizierte Zahlungsstrom für die sechste Periode ist somit um 150 € geringer als im Ausgangsbeispiel.

2.3.3 Exponentielle Glättung

Tz. 40

Glättungsfaktor α   Ein weiteres Prognoseverfahren ist die Exponentielle Glättung. Die Gewichtung wird hier mittels des Glättungsfaktors α vorgenommen. Der Wert von α liegt zwischen 0 und 1. Je größer α ist, desto schwächer werden vergangene Perioden gewichtet.[9] Zufallsschwankungen werden somit kaum geglättet. In der Praxis wird α meist mit einem Wert zwischen 0,1 und 0,25 angesetzt.

Die Exponentielle Glättung wird mit folgendem Verfahren berechnet:

$V_n = V_a + \alpha\,(T_i - V_a)$

V = Vorhersagewert der nächsten Periode

V_a = Vorhersagewert der abgelaufenen Periode

T_i = Tatsächlicher Wert des Zahlungsstroms in der abgelaufenen Periode

α = Glättungsfaktor

Der Vorhersagewert einer Ausgabenposition für das III. Quartal 2009 betrug 100.000 €. Der tatsächliche Wert belief sich jedoch auf 120.000 €. Das Unternehmen möchte mit einem Glättungsfaktor von 0,25 arbeiten.

Es ergibt sich folgender Vorhersagewert für das IV. Quartal:

$V_n = 100.000 + 0,25 \times (120.000 - 100.000) = 105.000\,€$

---

9 Auf den Übungsfall unter Tz. 46 wird hingewiesen.

2.4 Finanzpläne unterschiedlicher Fristigkeit

Tz. 41

Gemäß dem zeitlichen Horizont unterscheidet man im Rahmen der Finanzplanung folgende Fristen:

- langfristige Finanzplanung (über 5 Jahre),
- mittelfristige Finanzplanung (1 bis 5 Jahre),
- kurzfristige Finanzplanung (3 Monate bis 1 Jahr).

2.4.1 Langfristige Finanzpläne

Tz. 42

Langfristige Finanzpläne haben strategischen Charakter. Der Planungshorizont beträgt mindestens fünf, zum Teil auch bis zu zehn Jahre. Da eine exakte Planung aufgrund des langen Planungshorizonts kaum möglich ist, dienen langfristige Finanzpläne meist der Optimierung der Eigen- und Fremdkapitalstruktur. Sie weisen dadurch i. d. R. keine Zahlungsmittelbestände aus, sondern listen die Einzahlungen lediglich nach ihrer Kapitalherkunft und die Auszahlungen nach ihrer Kapitalverwendung auf. Die Darstellung erfolgt meist in Konten- und nicht in Staffelform.

Darstellung in Kontenform

Im Rahmen einer langfristigen Finanzplanung sind folgende Daten bekannt:

Kapitalverwendung in T€	Ausgangsplanwerte	Kapitalherkunft in T€	Ausgangsplanwerte
Investitionen AV	800	Erhöhung EK	500
Erhöhung UV	200	Erhöhung FK	300
Tilgung FK	200	Abschreibungserlöse	200
Ausschüttungen	300	Verkauf von AV	250
Steuern vom Ertrag	100	Verkauf von UV	50
Summe	1.600	Summe	1.300

Aus der Finanzplanung würde sich derzeit eine Unterdeckung von 300.000 € ergeben. Diese muss ausgeglichen werden. Hierzu wird folgender Lösungsvorschlag erarbeitet:

Ausschüttungen: - 100
Tilgung FK: - 100
Erhöhung FK: + 100

Es ergibt sich eine revidierte Planung:

Kapitalverwendung in T€	Planwerte	Kapitalherkunft in T€	Planwerte
Investitionen AV	800	Erhöhung EK	500
Erhöhung UV	200	Erhöhung FK	400
Tilgung FK	100	Abschreibungserlöse	200
Ausschüttungen	200	Verkauf von AV	250
Steuern vom Ertrag	100	Verkauf von UV	50
Summe	1.400	Summe	1.400

2.4.2 Mittelfristige Finanzpläne

Tz. 43

Bei der mittelfristigen Planung handelt es sich um eine taktische Planung mit einem Planungshorizont von mindestens einem und maximal fünf Jahren. Sie stellen eine Verfeinerung der langfristigen Planung dar und weisen exaktere und kleinteiligere Wertansätze auf. Da sie aber nicht so genau und differenziert wie eine kurzfristige Planung sein können, dienen sie als Bindeglied zwischen langfristiger und kurzfristiger Planung. Mittelfristige Finanzpläne weisen i. d. R. neben den Ein- und Auszahlungen auch die Anfangs- und Endbestände an Zahlungsmitteln aus.

2.4.3 Kurzfristige Finanzpläne

Tz. 44

kurzfristiger Finanzplan: kleinteilig u. exakt

Kurzfristige Finanzpläne stellen operative Pläne dar, deren Planungshorizont maximal ein Jahr umfasst. Durch sie sollen die Liquidität und die finanzwirtschaftliche Rentabilität gewährleistet sein. Neben den Anfangs- und Endbeständen, die stets bei einer kurzfristigen Finanzplanung enthalten sind, werden die einzelnen Positionen relativ kleinteilig und möglichst exakt dargestellt. Typische Positionen eines kurzfristigen Finanzplans sind:

▶ Einzahlungen
- Umsatzeinnahmen (Verkauf von Erzeugnissen und Waren)
- Sachanlagen (Verkauf von Grundstücken, Maschinen, …)
- Immaterielle Anlagen (Verkauf bzw. Abgabe von Konzessionen, Patenten, Markenrechten, Gebrauchsmustern und dergleichen)
- Finanzanlagen (Verkauf von Beteiligungen, Wertpapieren, …)
- Eigenkapital (Aufnahme von Eigenkapital)
- Fremdkapital (Aufnahme von Fremdkapital)
- …

▶ Auszahlungen
- Material (Erwerb von Rohstoffen, Waren, …)
- Personal (Auszahlungen für Löhne, Gehälter, Arbeitgeberanteile zur Sozialversicherung, …)
- Sachanlagen (Erwerb von Grundstücken, Maschinen, …)
- Immateriellen Anlagen (Beschaffung von Konzessionen, Patenten, Markenrechten, Gebrauchsmustern und dergleichen)
- Finanzanlagen (Erwerb von Beteiligungen, Wertpapieren, …)
- Eigenkapital (Tilgung von Eigenkapital)
- Fremdkapital (Tilgung von Fremdkapital)
- …

Tz. 45

Cashflow-Statement

Die kurzfristige Finanzplanung wird oftmals durch einen Liquiditätsstatus bzw. durch ein Cashflow-Statement ergänzt. Durch dieses Instrumentarium wird eine tagesgenaue Planung der Liquidität angestrebt. Dies wird dadurch erreicht, dass die Anfangs- und Endbestände nicht in einer Summe ausgewiesen, sondern unterteilt dargestellt werden.

Endbestand 13. 3. 2017	T€
Kasse	1.235
XY-Bank Konto I	3.498
XY-Bank Konto II	-4.501
AB-Bank	577
Schecks, Besitzwechsel	12
Nicht ausgeschöpfter Kreditrahmen	100
Summe	**921**

Obwohl der Endbestand an Finanzmitteln mit 921.000 € positiv ist, dürfte Optimierungspotenzial vorhanden sein: Es sollte auf jeden Fall geprüft werden, ob die Unterdeckung auf dem Konto II bei der XY-Bank nicht durch andere Finanzmittel ausgeglichen bzw. reduziert werden kann, da die Unterdeckung wohl relativ hoch verzinst werden dürfte, während auf andere Anlagen (z. B. Kassenbestand) keine oder nur eine minimale Verzinsung (z. B. Girokonten) zu erwarten ist.

Der Liquiditätsstatus kann dahingehend ergänzt werden, dass bei den geplanten Einzahlungen ein Vermerk gemacht wird, mit welcher Wahrscheinlichkeit der Geldeingang erfolgen wird. Bei den voraussichtlichen Ausgaben sollte dagegen vermerkt werden, ob diese eventuell aufschiebbar sind und mit welchen rechtlichen oder wirtschaftlichen Konsequenzen (z. B. Verlust von Skonti und Boni) zu rechnen ist.

Wahrscheinlichkeitsangaben

2.5 Übungsfall zur exponentiellen Glättung

Tz. 46

Sachverhalt

Ein Zahlungsstrom hat sich in den vier Quartalen des Jahres 2016 wie folgt entwickelt:

1. Quartal	480.000 €
2. Quartal	350.000 €
3. Quartal	390.000 €
4. Quartal	420.000 €

Der prognostizierte Wert für das 1. Quartal 2016 betrug 400.000 €.

Aufgabe

1. Errechnen Sie die Vorhersagewerte für das 2., 3. und 4. Quartal 2016 sowie für das 1. Quartal 2017. Wenden Sie bei der Berechnung die exponentielle Glättung an, wobei α hier 0,1 bzw. 0,5 betragen soll.

2. Stellen Sie das Ergebnis grafisch dar. Tragen Sie hierbei auch den tatsächlichen Zahlungsstrom ein.

Lösung

1.

Die exponentielle Glättung wird mithilfe folgender Formel errechnet:

$V_n = V_a + \alpha (T_i - V_a)$

V_n = Vorhersagewert der nächsten Periode

V_a = Vorhersagewert der abgelaufenen Periode

T_i = Tatsächlicher Wert des Zahlungsstroms in der abgelaufenen Periode

α = Glättungsfaktor

$\alpha = 0,1$	2. Quartal 2016	3. Quartal 2016	4. Quartal 2016	1. Quartal 2017
T_i	480.000 €	350.000 €	390.000 €	420.000 €
V_a	400.000 €	408.000 €	402.200 €	400.980 €
$T_i - V_a$	80.000 €	-58.000 €	-12.200 €	19.020 €
V_n	408.000 €	402.200 €	400.980 €	402.882 €

$\alpha = 0,5$	2. Quartal 2016	3. Quartal 2016	4. Quartal 2016	1. Quartal 2017
T_i	480.000 €	350.000 €	390.000 €	420.000 €
V_a	400.000 €	440.000 €	395.000 €	392.500 €
$T_i - V_a$	80.000 €	-90.000 €	-5.000 €	27.500 €
V_n	440.000 €	395.000 €	392.500 €	406.250 €

2.

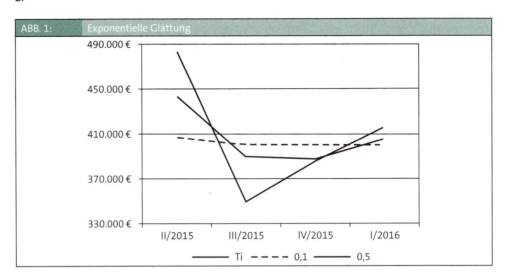

In der Grafik wird deutlich, dass die Zufallsschwankungen bei einem niedrigeren α-Wert geringer ausfallen.

2.6 Verschuldungsgrad und Rentabilitäten

2.6.1 Verschuldungsgrad

Tz. 47

hoher Verschuldungsgrad = schlechtes Rating

Der Verschuldungsgrad gibt das Verhältnis von Fremdkapital zu Eigenkapital an. Voraussetzung für die Ermittlung ist eine exakte Trennung von Eigen- und Fremdkapital. Dies ist insbesondere bei mezzaninen Finanzierungsformen, beispielsweise bei stillen Beteiligungen oder Nachrangdarlehen, nicht einfach.

Je höher der Verschuldungsgrad eines Unternehmens ist, desto schlechter ist im Regelfall dessen Rating. Hierdurch ergeben sich normalerweise Schwierigkeiten bei der Fremdkapitalbeschaffung.

Setzt man das Fremdkapital nicht zum Eigenkapital, sondern zum Gesamtkapital, also der Bilanzsumme, ins Verhältnis, errechnet sich die Fremdkapitalquote.

Anmerkung:

Insbesondere in Prüfungsaufgaben kann die Auffassung vertreten werden, dass der Verschuldungsgrad nicht über 200 % liegen sollte.[10] Dies bedeutet, dass das Fremdkapital maximal doppelt so hoch wie das Eigenkapital sein sollte und demnach die Fremdkapitalquote nicht mehr als rund 67 % beträgt.

Die Passivseite der A-AG weist Eigenkapital von 5 Mio. € und Fremdkapital von 8 Mio. € auf. Hieraus ergibt sich eine Bilanzsumme von 13 Mio. €.

Verschuldungsgrad:

Fremdkapital / Eigenkapital × 100 = 8 Mio. € / 5 Mio. € × 100 = 160 %

Fremdkapitalquote:

Fremdkapital / Gesamtkapital × 100 = 8 Mio. € / 13 Mio. € × 100 = 61,54 %

---

10 Häufig wird der Verschuldungsgrad auch als absolute Zahl dargestellt.

2.6.2 Rentabilitäten

Tz. 48

Rentabilitäten sind betriebswirtschaftliche Kennziffern zur Messung des finanziellen Erfolges eines Unternehmens in Relation zum eingesetzten Kapital bzw. zu den erzielten Umsatzerlösen. Im Wesentlichen werden folgende Rentabilitäten unterschieden:

Tz. 49
Eigenkapitalrentabilität

Bei der Ermittlung der Eigenkapitalrentabilität wird der Gewinn ins Verhältnis zum Eigenkapital gesetzt. Als Gewinn wird hierbei der handelsrechtliche Jahresüberschuss genommen. Dieser kann je nach Betrachtungswinkel um einzelne Größen (beispielsweise Steuern oder Abschreibungen) korrigiert werden, um eine bessere Vergleichbarkeit zu erreichen.

EK-Rentabilität

Das Eigenkapital umfasst neben dem gezeichneten Kapital, den Kapital- und Gewinnrücklagen auch den Bilanzgewinn[11].

Die Eigenkapitalrentabilität lässt sich wie folgt errechnen:

Eigenkapitalrentabilität = Gewinn / Eigenkapital[12] × 100

Tz. 50
Gesamtkapitalrentabilität

Aussagekräftiger als die Eigenkapitalrentabilität ist aufgrund der Wirkungsweise des sog. Leverage-Effekts die Gesamtkapitalrentabilität. Diese wird so ermittelt:

GK-Rentabilität

Gesamtkapitalrentabilität = (Gewinn + Fremdkapitalzinsen) / Gesamtkapital[13] × 100

Tz. 51
Umsatzrentabilität

Zur Errechnung der Umsatzrentabilität wird der Gewinn in das Verhältnis zu den Umsatzerlösen gesetzt:

Umsatzrentabilität

Umsatzrentabilität = Gewinn / Umsatzerlöse × 100

Tz. 52
EBIT-Rentabilität

Der EBIT ist wortwörtlich übersetzt der Gewinn vor Zinsen und Steuern.[14] Diese Größe ist grundsätzlich aussagekräftiger als der Jahresüberschuss, da nur der Gewinn aus der betrieblichen Tätigkeit betrachtet wird. Aus diesem Grund werden bei der Berechnung des EBIT oftmals auch außerordentliche Aufwendungen und Erträge eliminiert. Je nach Definition errechnet sich der EBIT somit wie folgt:

EBIT-Rentabilität

Jahresüberschuss
+ Ertragsteuern
+ Fremdkapitalzinsen
(- außerordentliche Erträge)
(+ außerordentliche Aufwendungen)
= EBIT

Die EBIT-Rentabilität lässt sich mittels folgender Formel ermitteln:

EBIT-Rentabilität = EBIT / Umsatzerlöse × 100

---

11 Alternativ zum Bilanzgewinn können auch die Größen Gewinnvortrag und Jahresüberschuss genannt sein.
12 Sofern möglich wird die Eigenkapitalrentabilität mittels des Durchschnitts aus dem Eigenkapitalstand zum Jahresanfang und zum Jahresende berechnet.
13 Auch hier wird, sofern möglich, auf einen Durchschnittswert zurückgegriffen.
14 EBIT = Earnings before interest and taxes.

Tz. 53
Return on Investment (ROI)

ROI als „Übergröße" Bei den bisher vorgestellten Kennzahlen wurde jeweils nur ein Teilbereich des Unternehmens untersucht. Als ideal wird daher eine Kennzahl angesehen, mit der es möglich ist, das komplexe Gebilde, das ein Unternehmen darstellt, in einem Wert widerzuspiegeln. Diesem Ziel kommt die Kennzahl des Return on Investment, die 1919 von dem amerikanischen Chemie-Unternehmen Du Pont de Nemours and Co. eingeführt wurde, am Nächsten.

Aus dem unten abgebildeten Schema ist ersichtlich, dass sich der ROI aus der Umsatzrentabilität und der Umschlagshäufigkeit des betriebsnotwendigen Kapitals[15] zusammensetzt. Der ROI wird häufig auch als Betriebsrentabilität bezeichnet.

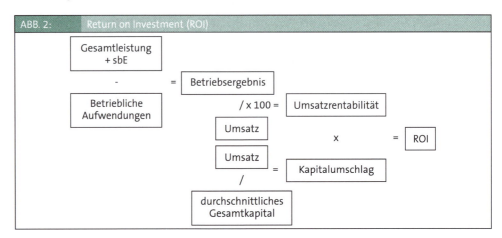

Anmerkung:

Aus Vereinfachungsgründen wird in Prüfungsaufgaben häufig anstatt des Betriebsergebnisses der Jahresüberschuss verwendet.

Die R-GmbH hat Ihnen folgende Zahlen vorgelegt (alle Werte in T€):

	2016	2015
Umsatz	6.000	5.000
Betriebsergebnis	320	300
betriebsnotwendiges Vermögen	2.500	2.000

Für 2016 ist mit einer Steigerung des Umsatzes von 10 % zu rechnen. Es sind deshalb im Laufe des Jahres 2016 Investitionen erforderlich:

Sachanlagen: 300.000 €
Vorräte: 100.000 €

Bei den ordentlichen Aufwendungen ist ein Anstieg von 440.000 € zu erwarten.

Ermitteln Sie den ROI für 2016 und für 2017. Nehmen Sie Stellung zum Aussagegehalt des ROI und beurteilen Sie kritisch die Auswirkung der erwarteten Umsatzsteigerung in 2017 auf die Ertragslage des Unternehmens.

(alle Werte in T€)

ROI 2016 = $^{320 \times 100}/_{6.000} \times {^{6.000}/_{(2.500 + 2.000)}} / 2$ = 5,33 % × 2,67 = 14,23 %

---

[15] Da die Unterscheidung in betriebsnotwendiges und nicht betriebsnotwendiges Kapital für einen externen Analysten kaum möglich ist, wird aus Vereinfachungsgründen meist auf das Gesamtkapital zurückgegriffen.

Berechnung der Daten für 2017:

Umsatzsteigerung (10 % von 6.000)	600
- Anstieg der betrieblichen Aufwendungen	440
Steigerung des Betriebserfolges 2017	160
+ Betriebserfolg bisher	320
erwarteter Betriebserfolg 2017	480
betriebsnotwendiges Vermögen 2016	2.500
+ Erhöhung 2017	400
erwartetes betriebsnotwendiges Vermögen 2017	2.900

ROI 2017 = $^{480 \times 100}/_{6.600} \times {^{6.600}}/_{(2.900 + 2.500)} / 2$ = 7,27 % × 2,44 = 17,74 %

Die Betriebsrentabilität (Rendite des betriebsnotwendigen Kapitals) würde in 2017 von 14,23 % auf 17,74 % steigen. Die erwartete Umsatzsteigerung würde sich unter den angenommenen Bedingungen positiv auf die Ertragslage auswirken. Die Ursache liegt in der gestiegenen Umsatzrentabilität. Das Ergebnis könnte noch verbessert werden, wenn es gelänge, die erforderlichen Investitionen abzusenken, um so die Umschlagshäufigkeit des betriebsnotwendigen Kapitals zu verringern. Selbstverständlich würden sich Umsatzsteigerungen, beispielsweise durch Preiserhöhungen bei gleich bleibender Absatzmenge, ebenfalls positiv auswirken.

2.6.3 Leverage-Effekt

Tz. 54

Bezüglich der Wirkungsweise des Leverage-Effekts wird auf die Ausführungen unter Tz. 92 hingewiesen.

3. Kapitalbedarf über Kapitalbindungsdauer ermitteln

Tz. 55

Wie sich in dem Beispiel unter Tz. 35 gezeigt hat, ergeben sich bei der Aufstellung eines Finanzplans zwangsläufig Über- und Unterdeckungen. Diese müssen, wie in der Lösung bereits angedeutet, im Rahmen von Finanzdispositionen berücksichtigt werden.

Liegt eine Überdeckung vor, ist neben deren Höhe auch zu prüfen, für welchen Zeitraum die Mittel verfügbar sind. Bei einer nur kurzfristigen Überdeckung kommt nur eine kurzfristige Anlage in Frage. Dies kann beispielsweise in Form von Tages- und Festgeldanlagen oder auch in Form von Geldmarktfonds erfolgen. Bei einer langfristigen Überdeckung kommt u. a. die Rückführung von variabel tilgbaren Krediten, der Erwerb von Beteiligungen und Wertpapieren oder eine (außerordentliche) Ausschüttung in Frage.

Anlage von Finanzmitteln bei Überdeckung

Liegt dagegen eine Unterdeckung vor, ist die Liquidität gefährdet. Bei einer längerfristigen Unterdeckung sollte versucht werden, frisches Kapital zu beschaffen. Voraussetzung ist allerdings, dass sich Eigen- oder Fremdkapitalgeber finden, die ihr Kapital zu annehmbaren Konditionen zur Verfügung stellen. Ist dies nicht der Fall oder soll nur eine kurzfristige Unterdeckung ausgeglichen werden, muss versucht werden, den Kapitalbedarf zu verringern. Dies kann beispielsweise durch folgende Maßnahmen geschehen:

Kapitalbedarf bei Unterdeckung

▶ Verzicht auf Ersatz- bzw. Rationalisierungsinvestitionen,

▶ Verzicht auf Erweiterungsinvestitionen,

▶ Verminderung der Bestände an Vorräten (Waren und Roh-, Hilfs- und Betriebsstoffe),

▶ Veräußerung von Sachanlagen,

▶ Veräußerung von Finanzanlagen,

▶ Verlängerung der Lieferantenziele/Verkürzung der Kundenziele.

4. Sicherung der Zahlungsbereitschaft

Tz. 56

Bestandteil einer seriösen Finanzplanung ist nicht nur das Aufstellen von Finanzplänen, sondern auch deren Kontrolle. Es muss überprüft werden, inwieweit die Ein- und Auszahlungen zutreffend prognostiziert wurden und – sollte es zu Fehleinschätzungen gekommen sein – warum diese erfolgten. Dies bedeutet, dass in einem ersten Schritt die Abweichungen ermittelt und diese dann in einem zweiten Schritt analysiert werden.

Die Ergebnisse der Kontrolle werden normalerweise in einem Finanzbericht dokumentiert. Dieser enthält daneben auch Vorschläge für künftige Optimierungen zur Vermeidung von Abweichungen.

Tz. 57

Ermittlung der Abweichungen

Plan-Ist-Abweichung   Die Abweichungen werden durch folgende Formel ermittelt:

$$\begin{aligned} & \text{Istwert} \\ - \ & \text{Planwert} \\ \hline = \ & \text{Abweichung}^{16} \end{aligned}$$

In der Praxis empfiehlt es sich, die Istwerte zeitnah zu erfassen, um Fehlplanungen schnellstmöglich entgegensteuern zu können.

Tz. 58

Analyse der Abweichungen

Abweichungen zwischen Ist- und Planwert können verschiedene Ursachen haben:

▶ **Temporäre Abweichungen**

Es kann sich um eine Abweichung handeln, die nur temporär bedingt ist.[17] Dies bedeutet, dass die Abweichung allein dadurch bedingt ist, dass eine Ein- oder Auszahlung nicht zum geplanten Termin erfolgt ist. Temporäre Abweichungen sind durch eine Ermittlung des arithmetischen Mittels der Abweichung erkennbar. Liegt dieses über eine längere Zeit hinweg nahe Null, handelt es sich meist nur um temporäre Verschiebungen.

Obwohl sich temporäre Verschiebungen wieder ausgleichen, können diese eine Gefahr für das Unternehmen darstellen, da es zumindest zu kurzfristigen Unterdeckungen kommen kann.

▶ **Planungsfehler**

In der Planungsphase wurden unrealistische Einschätzungen vorgenommen. Dies kann beispielsweise durch eine Fehleinschätzung der allgemeinen Markt- oder Konjunkturentwicklung bzw. durch eine falsche Prognose der Absatzmöglichkeiten der eigenen Produkte bedingt sein.

▶ **Abweichungen von der Planung**

Zu Abweichungen von der Planung kann es kommen, wenn bewusst von der ursprünglich geplanten Vorgehensweise abgewichen wurde, um beispielsweise auf kurzfristige Veränderungen des Marktumfelds oder der Absatzmöglichkeiten zu reagieren. Außerdem kann es zu unbewussten Abweichungen kommen, wenn die Planungsvorgaben nicht präzise genug formuliert waren oder die Produktionsmöglichkeiten aufgrund von Störungen des Produktionsablaufs eingeschränkt sind.

---

16 Die Abweichung wird meist auch als prozentualer Wert ausgewiesen.
17 Sog. Timing-Differences.

1.) In welche vier Schritte ist die strategische Unternehmensplanung unterteilt?
1. *Festlegung der strategischen Ziele*
2. *Analyse des Umfelds*
3. *Entwicklung von Normstrategien*
4. *Umsetzung der Strategien (Tz. 29)*

2.) Wie wird der Bestand an Zahlungsmitteln zum Ende einer Periode ermittelt?
Bestand zu Beginn der Periode + Einzahlungen - Auszahlungen (Tz. 34)

3.) Was ist die Besonderheit des Gewogenen Gleitenden Mittelwert-Verfahrens?
Einzelne Perioden (meist aktuellere) werden stärker gewichtet als andere Perioden (Tz. 39).

4.) Welche typischen Einzahlungspositionen kann ein kurzfristiger Finanzplan haben (vier Nennungen)?
- *Umsatzerlöse*
- *Verkauf von Sachanlagen*
- *Verkauf von Wertpapieren*
- *Aufnahme von Fremdkapital (Tz. 44)*

5.) Was ist ein Cashflow-Statement?
Ein Cashflow-Statement ist eine taggenaue, detaillierte Auflistung der einzelnen Finanzmittel. Durch diese verfeinerte Darstellung kann u. a. geprüft werden, ob in der Anlage- und Finanzierungspolitik Umschichtungsbedarf besteht (Tz. 45).

6.) Wie ermittelt sich die Eigenkapitalrentabilität?
Die Eigenkapitalrentabilität ergibt sich aus dem Verhältnis des Gewinns zum Durchschnitt aus dem Eigenkapital zum Jahresanfang und zum Jahresende (Tz. 49).

7.) Wie ermittelt sich der Return on Investment (ROI)?
Der ROI ist das Produkt aus Umsatzrentabilität und Kapitalumschlag (Tz. 53).

8.) Welche Möglichkeiten hat ein Unternehmen, ohne auf Kapitalgeber zurückgreifen zu müssen, eine kurzfristige Unterdeckung der Liquidität auszugleichen (vier Nennungen)?
- *Hinauszögern von Ersatzinvestitionen*
- *Verminderung der Vorratsbestände*
- *Veräußerung von Sachanlagen*
- *Verkürzung der Kundenziele (Tz. 55)*

9.) In welche Kategorien werden die Abweichungen zwischen Ist- und Planwerten von Finanzplänen unterteilt?
- *Temporäre Abweichungen*
- *Planungsfehler*
- *(Bewusste) Abweichungen von der Planung (Tz. 58)*

III. Finanzierungsarten

1. Finanzierungsarten nach unterschiedlichen Kriterien

Tz. 59

Die Finanzierungsarten werden im Wesentlichen wie folgt unterschieden:

▶ Rechtsstellung des Kapitalgebers
   – Eigenfinanzierung

   Bei der Eigenfinanzierung – auch Beteiligungsfinanzierung genannt – wird der Unternehmung vom Eigentümer Kapital zur Verfügung gestellt. Dies kann auch durch die Aufnahme neuer Gesellschafter erfolgen.

   – Fremdfinanzierung

   Im Rahmen der Fremdfinanzierung wird der Unternehmung von externen Kapitalgebern (z. B. Kreditinstitute, aber auch die Gesellschafter) Finanzmittel auf Kreditbasis zur Verfügung gestellt. Es kann sich hierbei beispielsweise um Lieferantenkredite, Kundenanzahlungen, Darlehen und Anleihen handeln.

▶ Herkunft des Kapitals
   – Innenfinanzierung

   Bei der Innenfinanzierung fließt dem Unternehmen Kapital zu, das aus Umsatzerlösen oder Kapitalfreisetzungen stammt. Dies bedeutet, dass die Finanzmittel nicht von den Finanzmärkten, sondern von den Absatzmärkten beschafft werden. Voraussetzung für die Innenfinanzierung ist, dass das Unternehmen eine entsprechende Ertragskraft besitzt. Folglich kommt die Innenfinanzierung bei neugegründeten Unternehmen oder Unternehmen, die nachhaltige Verluste erzielen, grundsätzlich nicht in Frage.

   – Außenfinanzierung

   Dem Unternehmen steht als eine mögliche Finanzierungsform die Außenfinanzierung zur Verfügung. Hierbei wird Eigen- oder Fremdkapital ausschließlich von Dritten (z. B. Banken oder Aktionären) beschafft.

2. Eigen- bzw. Beteiligungsfinanzierung in Abhängigkeit der Rechtsform

2.1 Beteiligungsfinanzierung bei Unternehmen ohne Börsenzugang

Tz. 60

Die Beteiligungsfinanzierung ohne Börsenzugang kommt insbesondere für folgende Unternehmensarten in Frage:

▶ Einzelunternehmen

   Bei Einzelunternehmen wird das gesamte Eigenkapital vom Unternehmer selbst erbracht. Somit ist das theoretisch verfügbare Eigenkapital durch die finanziellen Möglichkeiten des Einzelunternehmers begrenzt.

▶ Mitunternehmerschaften

   Zu den Mitunternehmerschaften zählen insbesondere die GbR, die OHG und die KG. Bei all diesen Gesellschaftsformen erfolgt die Eigenkapitalbeschaffung durch die Einlagen mehrerer Gesellschafter. Somit ist die theoretische Eigenkapitalbasis größer als bei einem Einzelunternehmen.

2.1.2 Personengesellschaften

Tz. 61

Eine Personengesellschaft kann sowohl durch Kapitalaufstockung durch die bisherigen Gesellschafter als auch durch die Aufnahme neuer Gesellschafter Beteiligungsfinanzierung betreiben.

Tz. 62

GbR Die **BGB-Gesellschaft** (§§ 705 ff. BGB) ist ein Zusammenschluss von mehreren natürlichen und/oder juristischen Personen zur Erreichung eines gemeinsamen Ziels. Sie führt keine eigene Firma i. S. des § 17 HGB und ist nur teilrechtsfähig[18]. Die Gründung einer BGB-Gesellschaft, die Erhöhung der Einlage sowie die Aufnahme eines neuen Gesellschafters sind formlos möglich. Die BGB-Gesellschaft ist nicht in das Handelsregister eingetragen. Beantragt sie dies, wird sie zum Kaufmann (§ 2 HGB).

Tz. 63

OHG Eine **Offene Handelsgesellschaft** (§§ 105 ff. HGB) ist der vertraglich fixierte Zusammenschluss mehrerer natürlicher oder/und juristischer Personen zum Betrieb eines Handelsgewerbes unter einer gemeinschaftlichen Firma. Eine OHG ist rechtsfähig (§ 124 Abs. 1 HGB) und muss als Formkaufmann (§ 6 HGB) in das Handelsregister eingetragen werden. Die Gesellschafter einer OHG haften nach § 128 HGB als Gesamtschuldner unmittelbar. Dies bedeutet, dass ein Gläubiger jeden Gesellschafter direkt in Anspruch nehmen kann. Diese haften uneingeschränkt mit ihrem Betriebs- und Privatvermögen. Die Haftung entfaltet sich auch rückbezogen. Dies bedeutet, wenn neue Gesellschafter aufgenommen werden, haften diese auch für bestehende Schulden. Bei der Aufnahme neuer Gesellschafter hat eine entsprechende Eintragung in das Handelsregister zu erfolgen.

Tz. 64

KG Die **Kommanditgesellschaft** (§§ 161 ff. HGB) unterscheidet sich von der OHG vor allem dadurch, dass neben einem oder mehreren vollhaftenden Gesellschaftern, den Komplementären, auch einer oder mehrere Kommanditisten Gesellschafter sind. Kommanditisten haften lediglich nur persönlich und unbeschränkt mit der im Handelsregister eingetragenen Haftsumme, der Hafteinlage. Der Kommanditist wird von seiner Haftung gegenüber Gesellschaftsgläubigern frei, wenn er seine Hafteinlage geleistet hat (§ 171 Abs. 1 HGB). Quasi als Ausgleich für die eingeschränkte Haftung sind die Rechte des Kommanditisten beengt. Sein Informationsrecht beschränkt sich beispielsweise auf die Übersendung der Abschlussunterlagen, ein ständiges Informationsrecht hat er nicht (§ 166 HGB). Darüber hinaus schließt § 164 Satz 1 HGB Kommanditisten von der Geschäftsführung aus. Diese Einschränkungen sind jedoch durch eine entsprechende Regelung im Gesellschaftsvertrag abdingbar (§ 163 HGB).

2.1.2 Kapitalgesellschaften

Tz. 65

Bei **Kapitalgesellschaften**, insbesondere bei der GmbH und der AG, leisten die Gesellschafter das im Gesellschaftsvertrag festgelegte gezeichnete Kapital. Dies wird bei einer GmbH Stammkapital und bei einer AG Grundkapital genannt. Es kann im Gesellschaftsvertrag vereinbart werden, dass im Bedarfsfall eine Nachschusspflicht besteht. Diese Zahlungen der Gesellschafter werden regelmäßig als Kapitalrücklage innerhalb des Eigenkapitals ausgewiesen.

Tz. 66

GmbH Bei der **Gesellschaft mit beschränkter Haftung** handelt es sich um eine juristische Person des Privatrechts, die rechtsfähig ist. Dies bedeutet, dass sie eigenes Vermögen hat und im eigenen Namen klagen und verklagt werden kann. Die rechtliche Grundlage für die GmbH ist das GmbHG.

Die Gründung einer GmbH setzt das Abfassen eines Gesellschaftsvertrags voraus, der notariell beurkundet werden muss. Im Gesellschaftsvertrag müssen die Firma, der Sitz der Gesellschaft, der Unternehmensgegenstand, der Betrag des Stammkapitals und die Angabe der Stammeinlage aufgeführt sein (§ 3 Abs. 1 GmbHG). Das Stammkapital muss mindestens 25.000 € betragen (§ 5 Abs. 1 GmbHG). Eine Gesellschaft, die mit einem geringeren Stammkapital gegründet wird, muss gemäß § 5a Abs. 1 GmbHG in der Firma abweichend von § 4 GmbHG die Bezeichnung „Unternehmergesellschaft (haftungsbeschränkt)" bzw. „UG (haftungsbeschränkt)"

---

[18] BGH vom 29.1.2001, Az. II ZR 331/100.

führen. Diese beiden Bezeichnungen sind zwingend, eine Abkürzung des Wortes „haftungsbeschränkt" ist nicht zulässig.

Das Stammkapital einer **Mini-GmbH** liegt also zwischen 1 € und 24.999 €. Gemäß § 5a Abs. 2 GmbHG darf die Anmeldung der Unternehmergesellschaft erst erfolgen, wenn das Stammkapital in voller Höhe eingezahlt worden ist.

Mini-GmbH

Tz. 67

Gemäß § 5a Abs. 3 GmbHG muss die Unternehmergesellschaft in der Bilanz eine gesetzliche Rücklage bilden, in die ein Viertel des um einen Verlustvortrag aus dem Vorjahr geminderten Jahresüberschusses einzustellen ist. Die Norm ist zwingend. Die Rücklage darf gemäß § 5a Abs. 3 Satz 2 GmbHG nur für folgende Zwecke verwendet werden:

- Kapitalerhöhung aus Gesellschaftsmitteln (§ 57c GmbHG);
- zum Ausgleich eines Jahresfehlbetrags, sofern dieser nicht durch einen Gewinnvortrag aus dem Vorjahr gedeckt ist;
- zum Ausgleich eines Verlustvortrags, sofern dieser nicht durch einen Jahresüberschuss gedeckt ist.

Durch diese Maßnahme soll eine angemessene Eigenkapitalausstattung der Gesellschaft erreicht werden. Ein Verstoß gegen § 5a Abs. 3 GmbHG führt zur Nichtigkeit des Jahresabschlusses. Erhöht die Gesellschaft ihr Kapital, sodass es den Betrag des Mindestkapitals erreicht oder übersteigt, finden gemäß § 5a Abs. 5 GmbHG die Vorschriften der Abs. 1 bis 4 keine Anwendung mehr.

Tz. 68

Wird das Stammkapital erhöht, muss die Gesellschafterversammlung einen Beschluss mit Drei-Viertel-Mehrheit fassen (§ 53 GmbHG). Dieser ist notariell zu beurkunden. Werden neue Gesellschafter aufgenommen, ist neben der Stammeinlage meist ein Aufgeld (= Agio) zu entrichten, da neue Gesellschafter an den vorhandenen Rücklagen, Gewinnvorträgen und stillen Reserven partizipieren. Um das Agio zu berechnen, muss in der Regel eine Unternehmensbewertung erfolgen.

Tz. 69

Die **Aktiengesellschaft** ist ebenfalls eine rechtsfähige, juristische Person des Privatrechts. Die rechtliche Grundlage für die AG ist das AktG. Die Gründung der AG kann durch einen oder mehrere Gesellschafter erfolgen (§ 2 AktG). Zur Gründung muss eine Satzung in notariell beurkundeter Form festgestellt werden (§ 23 Abs. 1 AktG). In der Satzung sind u. a. die Gründer, der eingezahlte Betrag des Grundkapitals, die Firma, der Gegenstand des Unternehmens und die Zahl der Mitglieder des Vorstands anzugeben (§ 23 Abs. 2 und 3 AktG).

AktG

Das Grundkapital einer AG beträgt mindestens 50.000 € (§ 7 AktG) und ist in Nennbetrags- oder Stückaktien zerlegt (§ 8 Abs. 1 AktG). Nennbetragsaktien, auch als Nominalaktien bezeichnet, lauten auf einen bestimmten Nennbetrag. Dieser muss mindestens auf 1 € lauten (§ 8 Abs. 2 Satz 1 AktG). Die Nennbeträge der von einem Anteilseigner gehaltenen Aktien dienen als Bemessungsgrundlage für das Stimmrecht und die Gewinnverteilung. Stückaktien lauten auf keinen Nennwert und werden daher auch als nennwertlose Aktien bezeichnet. Ihr Anteil am Grundkapital bestimmt sich anhand der Division des Grundkapitals durch die Anzahl der ausgegebenen Aktien.

2.2 Beteiligungsfinanzierung bei Unternehmen mit Börsenzugang

Tz. 70

Die Beteiligungsfinanzierung über Wertpapierbörsen steht vor allem AGs offen. Dies ist mit Geldmittelzufluss (ordentliche Kapitalerhöhung) oder ohne Geldmittelzufluss (Kapitalerhöhung aus Gesellschaftsmitteln) möglich:

2.2.1 Ordentliche Kapitalerhöhung

Tz. 71

Eine Kapitalerhöhung gegen Einlagen, auch als ordentliche Kapitalerhöhung bezeichnet, kann durchgeführt werden, wenn mindestens drei Viertel des bei der Beschlussfassung vertretenen Grundkapitals eine entsprechende Änderung der Satzung beschließen (§ 182 Abs. 1 Satz 1 AktG) und die Kapitalerhöhung beginnend mit der Zeichnung der Aktien durchgeführt wird (§ 185 AktG). Im Rahmen einer Kapitalerhöhung ist von den Erwerbern der Aktien in der Regel ein Agio zu entrichten. Eine Kapitalerhöhung kann auch als bedingte Kapitalerhöhung durchgeführt werden. Hierbei kann das bedingte Kapital je nach Hauptversammlungsbeschluss nur zweckgebunden, beispielsweise für die Vorbereitung einer Fusion, eingesetzt werden.

Bei einer genehmigten Kapitalerhöhung wird der Vorstand unter Zustimmung des Aufsichtsrats für maximal fünf Jahre nach Eintragung ermächtigt, das Grundkapital durch Ausgabe neuer Aktien gegen Einlage zu erhöhen (§ 202 Abs. 1 und 2 AktG). Der Nennbetrag des genehmigten Kapitals darf hierbei 50 % des vorhandenen Grundkapitals nicht übersteigen (§ 202 Abs. 3 AktG).

Wird eine Kapitalerhöhung gegen Einlagen beschlossen, erwerben die bisherigen Gesellschafter regelmäßig Bezugsrechte der neuen Anteile (§ 186 Abs. 1 AktG). Da diese Bezugsrechte Bestandteile des Aktionärsrechts sind, werden diese nicht gesondert angeschafft, sondern der Erwerb ist bereits durch den Erwerb der Altaktien abgegolten. Die Konsequenz ist, dass mit einer Kapitalerhöhung eine Aufspaltung der Anschaffungskosten der Altaktien in

- ▶ die nun verminderten Anschaffungskosten der Altaktien und
- ▶ die Anschaffungskosten der neu entstandenen Bezugsrechte

erfolgen muss (H 17 Abs. 5 „Bezugsrechte/Gratisaktien" 1. Spiegelstrich EStH). Durch diesen Vorgang werden auf der Ebene des Anteilseigners keine Einkünfte generiert. Werden die Bezugsrechte jedoch nicht selbst ausgeübt, sondern veräußert, entstehen Einkünfte aus Kapitalvermögen (§ 20 Abs. 2 EStG).

2.2.2 Kapitalerhöhung aus Gesellschaftsmitteln

Tz. 72

Eine Kapitalerhöhung kann auch aus Gesellschaftsmitteln erfolgen (vgl. § 207 AktG). Dies ist der Fall, wenn Gewinn- und/oder Kapitalrücklagen in gezeichnetes Kapital umgewandelt werden. Hier findet keine Zuführung von „frischem" Kapital statt, es erfolgt lediglich eine Kapitalumschichtung innerhalb der AG. Die Aktionäre erhalten in der Folge Gratisaktien, um den durch die Kapitalerhöhung verursachten Kursrückgang zu kompensieren.

Beim Anteilseigner führt die Ausgabe von Gratisaktien nicht zu steuerpflichtigen Einnahmen. Aus diesem Grund muss im Zeitpunkt der Beschlussfassung keine Buchung durchgeführt werden. Die Gewinnrealisierung durch die Gratisaktien tritt erst bei Veräußerung oder Entnahmen ein.

Die Buchwertabspaltung muss nach der „Gesamtwertmethode" ermittelt werden (vgl. H 17 Abs. 5 „Bezugsrechte/Gratisaktien" 2. Spiegelstrich EStH). Dies bedeutet, dass die ursprünglichen Anschaffungskosten um den auf die Gratisaktien entfallenden Betrag zu verringern sind.

3. Formen der Innenfinanzierung

Tz. 73

Finanzierung aus Umsatzerlösen

Im Einzelnen gibt es folgende Formen der Innenfinanzierung:

- ▶ **Finanzierung aus Umsatzerlösen**[19]
    - – Finanzierung aus zurückbehaltenen Gewinnen (Gewinnthesaurierung)
    - – Finanzierung aus Abschreibungsgegenwerten
    - – Finanzierung aus Rückstellungsgegenwerten

---

19 Auch als Überschuss- oder Cashflow-Finanzierung bezeichnet.

▶ Finanzierung aus Kapitalfreisetzungen

- Rationalisierungsmaßnahmen
- Vermögensumstrukturierungen

Tz. 74

Die Finanzierung aus Umsatzerlösen setzt voraus, dass die zurückbehaltenen Gewinne, die Abschreibungen und die Zuführungen zu den Rückstellungen in den Verkaufspreisen eingepreist sind. Der Angebotspreis einer Ware oder Leistung setzt sich also wie folgt zusammen:

Angebotspreis

	Materialkosten
+	Lohnkosten
+	Abschreibungen
+	Zuführungen zu Rückstellungen
+	weitere Kosten
+	Gewinn
=	Angebotspreis

3.1 Finanzierung aus zurückbehaltenen Gewinnen

3.1.1 Offene Selbstfinanzierung

Tz. 75

Bei der offenen Selbstfinanzierung wird der erzielte Gewinn (teilweise) nicht an die Gesellschafter ausgeschüttet. Die verschiedenen Unternehmensrechtsformen haben die Selbstfinanzierung unter individuell unterschiedlichen Rahmenbedingungen zu betreiben:

offene Selbstfinanzierung

Einzelunternehmen, GbR, OHG

Ein Einzelunternehmer bzw. die Mitunternehmer einer GbR bzw. OHG erhalten den sich ergebenden Gewinn(anteil) jeweils auf ihrem Kapitalkonto gutgeschrieben. Die Höhe der Auszahlung kann individuell vom (Mit-)Unternehmer bestimmt werden. Hierdurch haben die jeweiligen (Mit-)Unternehmer die Möglichkeit, die Höhe der Selbstfinanzierung unmittelbar und flexibel zu gestalten. Auf Ebene des Einzelunternehmers bzw. des Mitunternehmers kann sich bei Anwendung der Thesaurierungsbegünstigung nach § 34a EStG eine Steuerentlastung ergeben. Dies ist ein zusätzlicher Anreiz, freie Mittel im Unternehmen zu belassen.

KG

Für die Komplementäre einer KG gilt das Gleiche wie für einen Einzelunternehmer bzw. die Mitunternehmer einer GbR oder OHG. Die Kommanditisten können sich jedoch nicht an der Selbstfinanzierung beteiligen. Ihr Gewinnanteil kann dem Kapital nur gutgeschrieben werden, wenn seine bedungene Einlage noch nicht erreicht ist (§ 167 Abs. 2 HGB). Ist die Kapitaleinlage eines Kommanditisten voll erbracht, wird sein Gewinnanteil als Verbindlichkeit ausgewiesen.

GmbH

Gemäß § 29 Abs. 1 GmbHG haben die Gesellschafter einer GmbH grundsätzlich Anspruch auf den Jahresüberschuss zuzüglich eines Gewinnvortrags und abzüglich eines Verlustvortrags. Die Verteilung erfolgt, sofern im Gesellschaftsvertrag nichts anderes geregelt ist, im Verhältnis ihrer Geschäftsanteile (§ 29 Abs. 3 GmbHG).

In welchem Umfang von der Auszahlung des Jahresüberschusses Gebrauch gemacht wird, bestimmt die Gesellschafterversammlung nach dem Mehrheitsprinzip. Neben der Ausschüttung besteht die Möglichkeit, Beträge in Gewinnrücklagen einzustellen oder auf neue Rechnung vorzutragen (§ 29 Abs. 2 GmbHG).

AG

Bei Aktiengesellschaften gibt es, anders als bei einer GmbH, eine gesetzliche Rücklage. Diese beträgt nach § 150 Abs. 2 AktG 5 % des um einen Verlustvortrag aus dem Vorjahr geminderten Jahresüberschusses. Die Einstellung in die gesetzliche Rücklage hat zu erfolgen, bis die gesetzliche Rücklage und die Kapitalrücklage zusammen 10 % oder den in der Satzung bestimmten höheren Teil des Grundkapitals erreicht haben.

Über das Ergebnis, das nach der Zuführung zur gesetzlichen und einer etwaigen satzungsmäßigen Rücklage verbleibt, hat die Hauptversammlung zu beschließen (§ 174 Abs. 1 AktG). Durch die Hauptversammlung können weitere Teile des Ergebnisses durch Zuführung zu freiwilligen Gewinnrücklagen oder durch Vortrag auf neue Rechnung thesauriert werden (§ 174 Abs. 2 AktG).

3.1.2 Stille Selbstfinanzierung

Tz. 76

stille Selbstfinanzierung

Die stille Selbstfinanzierung, auch als verdeckte Selbstfinanzierung bezeichnet, kann durch eine Unterbewertung von Betriebsvermögen oder durch eine Überbewertung von Schulden, insbesondere Rückstellungen, erfolgen. Voraussetzung für die stille Selbstfinanzierung ist jedoch, dass die stillen Reserven durch Gewinne gedeckt sind.

Ein Gebäude mit Anschaffungskosten von 1 Mio. € wird nach § 7 Abs. 4 Satz 1 Nr. 1 EStG mit jährlich 3 % abgeschrieben. Der Restwert des Gebäudes beträgt demnach am Ende des zehnten Jahres der Nutzung 700.000 €. Beläuft sich der Verkehrswert des Gebäudes zu diesem Zeitpunkt auf 800.000 €, liegen stille Reserven – die den Gewinn gemindert haben und dadurch von ihm gedeckt sind – von 100.000 € vor.

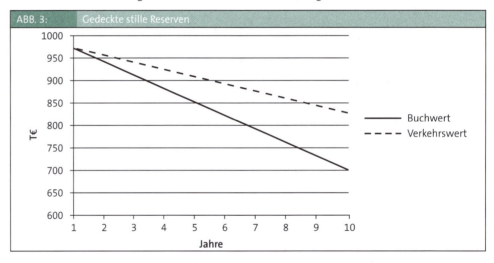

ABB. 3: Gedeckte stille Reserven

Stille Reserven mindern den zu versteuernden Gewinn und führen damit zu einer zinslosen Steuerstundung. Diese bedeutet für das Unternehmen eine Liquiditätsentlastung.

Entstehen die stillen Reserven durch Wertsteigerungen im Anlagevermögen, können diese stillen Reserven nicht zur Selbstfinanzierung herangezogen werden, da es sich um nicht realisierte Gewinne handelt.

Ein Unternehmen hat in 1970 ein unbebautes Grundstück für (umgerechnet) 100.000 € erworben. Der Verkehrswert beträgt mittlerweile 700.000 €. Die stillen Reserven von 600.000 € können nicht zur Selbstfinanzierung verwendet werden.

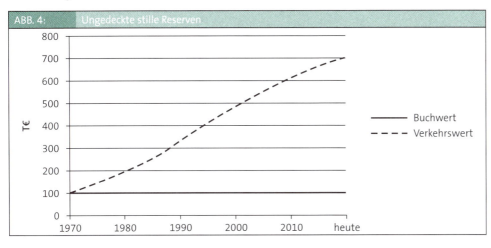

ABB. 4: Ungedeckte stille Reserven

Tz. 77

Es ist von Bedeutung, wie lange die durch die stille Selbstfinanzierung gebundenen Mittel eingesetzt werden können. Es wird unterschieden in:

▶ **Dauerhafte stille Reserven**

(z. B. im nicht abnutzbaren Anlagevermögen wie Grund und Boden oder Beteiligungen)

▶ **Langfristige stille Reserven**

(z. B. bei Gebäuden oder Pensionsrückstellungen)

▶ **Mittelfristige stille Reserven**

(z. B. bei mittelfristigen Rückstellungen)

▶ **Kurzfristige stille Reserven**

(z. B. bei Roh-, Hilfs- und Betriebsstoffen oder Waren)

Fristigkeit der stillen Reserven

3.1.3 Vor- und Nachteile der Selbstfinanzierung

Tz. 78

Die Selbstfinanzierung hat u. a. folgende Vorteile:

▶ Die Beschaffung und Verwendung von finanziellen Mitteln aus der Selbstfinanzierung ist kostengünstig und formlos möglich.

▶ Die Unabhängigkeit des Unternehmens von externen Eigenkapital- und Fremdkapitalgebern sowie die Kreditfähigkeit werden gestärkt.

▶ Es bestehen keine Bedienungsansprüche, wie Fremdkapitalzinsen oder Ausschüttungsverpflichtungen.

▶ Die Herrschafts- und Mehrheitsverhältnisse werden nicht verändert.

Vorteile der Selbstfinanzierung

Tz. 79

Nachteile der Selbstfinanzierung sind u. a.:

▶ Es besteht keine langfristige Planungsmöglichkeit, da die in der Zukunft erwirtschafteten Gewinne nur vage prognostizierbar sind.

▶ Es können sich leichter Fehlinvestitionen ergeben, da eine neutrale Instanz (z. B. Bank) fehlt, die das Investitionsvorhaben prüft.

▶ Mittels der stillen Selbstfinanzierung können Gewinne manipuliert und so Anteilseigner und Öffentlichkeit getäuscht werden.

Nachteile der Selbstfinanzierung

3.2 Finanzierung aus Abschreibungsgegenwerten

Tz. 80

Finanzierung aus Abschreibungen

In der Angebotskalkulation sind, wie weiter oben dargestellt, die Abschreibungen regelmäßig berücksichtigt. Fließen Abschreibungen nun über die Umsatzerlöse in das Unternehmen zurück, können sie zu Finanzierungszwecken verwendet werden. Grundsätzlich dienen diese zur Finanzierung von Ersatzbeschaffungen.

Da der Rückfluss der Abschreibungen über die Umsatzerlöse kontinuierlich ist, die Ersatzinvestition in der Regel aber erst am Ende der Nutzungsdauer des betreffenden Wirtschaftsguts erfolgt, können die freigesetzten Finanzierungsmittel in der Zwischenzeit anderweitig verwendet werden. Bevor jedoch auf die Verwendung der Finanzierungsmittel eingegangen wird, werden die verschiedenen Abschreibungsverfahren kurz dargestellt.

3.2.1 Abschreibungsverfahren

3.2.1.1 Lineare Abschreibung

Tz. 81

Im Rahmen der linearen Abschreibung wird der Basiswert[20] gleichmäßig auf die einzelnen Perioden der Nutzung verteilt.

Eine Maschine (Nutzungsdauer: 6 Jahre) wird für 65.000 € erworben. Am Ende der Nutzungsdauer kann für die Maschine voraussichtlich ein Verkaufserlös von 5.000 € erzielt werden.

Die jährliche Abschreibung beträgt: (65.000 € - 5.000 €) / 6 = 10.000 €

3.2.1.2 Leistungsbezogene Abschreibung

Tz. 82

Bei der leistungsbezogenen Abschreibung ergibt sich der jährliche Abschreibungsbetrag aus dem Verhältnis der Leistung des Anlageguts in der Betrachtungsperiode zu der voraussichtlichen Gesamtleistung.

Eine Maschine mit Anschaffungskosten von 500.000 € kann insgesamt 500.000 Einheiten produzieren, bevor sie verschrottet werden muss. Im gesamten Wirtschaftsjahr wurden 168.000 Einheiten produziert.

Unterstellt man, dass für die Maschine am Ende der Nutzungszeit kein Schrotterlös erzielt werden kann, beträgt die Abschreibung des Betrachtungsjahrs: (500.000 € / 500.000) × 168.000 = 168.000 €

3.2.1.3 Geometrisch-degressive Abschreibung

Tz. 83

Bei dieser Abschreibungsart wird die Abschreibung unter Verwendung eines konstanten Prozentsatzes in fallenden Jahresbeträgen bemessen. Bemessungsgrundlage für die jährliche Abschreibung ist nur im Erstjahr der Basiswert. In den folgenden Jahren wird vom jeweiligen Restwert abgeschrieben.

Eine Maschine (Nutzungsdauer: 6 Jahre) wird für 65.000 € erworben. Am Ende der Nutzungsdauer kann für die Maschine voraussichtlich ein Verkaufserlös von 5.000 € erzielt werden.

Der prozentuale Abschreibungssatz errechnet sich wie folgt:

$$p = 100 \times \left(1 - \sqrt[n]{\frac{R_n}{B}}\right)$$

p = Abschreibungssatz in %

n = geschätzte Nutzungsdauer

B = Basiswert in €

R = Restwert am Ende der Nutzungsdauer in €

---

[20] Meist stellen die Anschaffungskosten (evtl. vermindert um einen Restwert) den Basiswert dar.

Der Abschreibungssatz für die Maschine beträgt in dem Beispiel:

$$p = 100 \times \left(1 - \sqrt[6]{\frac{5.000}{65.000}}\right) = 34{,}79\,\%$$

Jahr	AfA-BMG	AfA-Satz	AfA	Restwert
1	65.000,00 €	34,79 %	22.610,71 €	42.389,29 €
2	42.389,29 €	34,79 %	14.745,41 €	27.643,87 €
3	27.643,87 €	34,79 %	9.616,12 €	18.027,76 €
4	18.027,76 €	34,79 %	6.271,08 €	11.756,67 €
5	11.756,67 €	34,79 %	4.089,64 €	7.667,03 €
6	7.667,03 €	34,79 %	2.667,03 €	5.000,00 €

Anmerkung: Die AfA-Werte in der Tabelle wurden mit dem exakten Wert von 34,7857094 % berechnet. In Prüfungsaufgaben kann aber durchaus eine Rundung auf zwei Nachkommastellen vorgenommen werden.

Die oben dargestellte Formel ist nur anwendbar, wenn der Restwert am Ende der Nutzungsdauer 0 € übersteigt.

3.2.1.4 Arithmetisch-degressive Abschreibung

Tz. 84

Kommt die arithmetisch-degressive Abschreibung zur Anwendung, fallen die jährlichen Abschreibungsbeträge stets um den gleichen Betrag.

Eine Maschine (Nutzungsdauer: 6 Jahre) wird für 65.000 € erworben. Am Ende der Nutzungsdauer kann für die Maschine voraussichtlich ein Verkaufserlös von 5.000 € erzielt werden.

Als Erstes wird der Degressionsbetrag ermittelt:

$$D = \frac{B}{N}$$

D = Degressionsbetrag in €

B = Basiswert in € (bereits bereinigt um einen eventuellen Restwert)

N = Summe der arithmetischen Reihe der Nutzungsjahre

$$D = \frac{60.000\,€}{1+2+3+4+5+6} = \frac{60.000\,€}{21} = 2.857{,}14\,€$$

Die jährliche AfA ermittelt sich wie folgt:

Jahr 1: D × n	= 2.857,14 € × 6 =	17.142,84 €
Jahr 2: D × (n - 1)	= 2.857,14 € × 5 =	14.285,70 €
Jahr 3: D × (n - 2)	= 2.857,14 € × 4 =	11.428,56 €
Jahr 4: D × (n - 3)	= 2.857,14 € × 3 =	8.571,42 €
Jahr 5: D × (n - 4)	= 2.857,14 € × 2 =	5.714,28 €
Jahr 6: D × (n - 5)	= 2.857,14 € × 1 =	2.857,14 €
Gesamte Abschreibung[21]		59.999,94 €

3.2.1.5 Progressive Abschreibung

Tz. 85

Bei der progressiven Abschreibung steigt der jährliche Abschreibungsbetrag mit zunehmender Nutzungsdauer. Die progressive Abschreibung kann in der Kostenrechnung beispielsweise zur Anwendung kommen, wenn bei einer Anlage, deren Kapazität zu Beginn der Nutzung nicht voll ausgelastet ist, die Nutzung allmählich ansteigt.

---

21 Abweichung aufgrund von Rundungen zum geplanten Wert von 60.000 €.

Eine Maschine (Nutzungsdauer: 6 Jahre) wird für 65.000 € erworben. Am Ende der Nutzungsdauer kann für die Maschine voraussichtlich ein Verkaufserlös von 5.000 € erzielt werden.

Als Erstes wird der Degressionsbetrag ermittelt. Dieser beträgt 2.857,14 € (siehe oben).

Die jährliche AfA ermittelt sich wie folgt:

Jahr 1: D × (n - 5)	= 2.857,14 € × 1 =	2.857,14 €
Jahr 2: D × (n - 4)	= 2.857,14 € × 2 =	5.714,28 €
Jahr 3: D × (n - 3)	= 2.857,14 € × 3 =	8.571,42 €
Jahr 4: D × (n - 2)	= 2.857,14 € × 4 =	11.428,56 €
Jahr 5: D × (n - 1)	= 2.857,14 € × 5 =	14.285,70 €
Jahr 6: D × n	= 2.857,14 € × 6 =	17.142,84 €
Gesamte Abschreibung		59.999,94 €

3.2.2 Kapitalfreisetzungseffekt

Tz. 86

Kapitalfreisetzung

Wie oben bereits erwähnt, sind die Abschreibungen bei der Kalkulation der Verkaufspreise berücksichtigt worden. Sie fließen also über die Verkaufserlöse wieder voll dem Unternehmen zu. Ein weiterer finanzieller Vorteil ist, dass die Abschreibungen den Jahresüberschuss und somit auch die Steuerbelastung und die mögliche Ausschüttung an die Anteilseigner verringern. Die Abschreibungen stehen dem Unternehmen folglich als liquide Mittel zur Verfügung und können anderweitig eingesetzt werden (z. B. Schuldentilgung, Finanzierung der Vorräte).

3.2.3 Kapazitätserweiterungseffekt

Tz. 87

Kapazitätserweiterung

Wenn das Unternehmen mit den freigesetzten Mitteln sofort weitere Anlagen anschafft, spricht man von dem Kapazitätserweiterungseffekt. Dieser wird auch als Lohman-Ruchti- bzw. Marx-Engels-Effekt bezeichnet.[22] Mittels eines Kapazitätserweiterungsfaktors (KEF) wird die Menge der Anlagegüter ermittelt, auf die sich der Kapazitätserweiterungseffekt einpendelt.

Die A-AG schafft im Jahr 01 sechs Maschinen des gleichen Typs zu je 50.000 € an. Die Nutzungsdauer beträgt fünf Jahre, die Abschreibung erfolgt linear.

$$KEF = \frac{2n}{n+1} = \frac{2 \times 5}{5+1} = \frac{10}{6} = 1{,}67$$

n = Nutzungsdauer in Jahren

→ 6 Maschinen × 1,67 = 10 Maschinen

Die Kapazität erweitert sich auf zehn Maschinen und bleibt dann konstant auf diesem Niveau:

Jahr	Anzahl (Jahresanfang)	AK	AfA	AfA + Rest (Vj.)	Investition	Rest (kumuliert)	Zugang	Abgang
1	6	300.000 €	60.000 €	60.000 €	50.000 €	10.000 €	1	0
2	7	350.000 €	70.000 €	80.000 €	50.000 €	30.000 €	1	0
3	8	400.000 €	80.000 €	110.000 €	100.000 €	10.000 €	2	0
4	10	500.000 €	100.000 €	110.000 €	100.000 €	10.000 €	2	0
5	12	600.000 €	120.000 €	130.000 €	100.000 €	30.000 €	2	6
6	8	400.000 €	80.000 €	110.000 €	100.000 €	10.000 €	2	1
7	9	450.000 €	90.000 €	100.000 €	100.000 €	0 €	2	1
8	10	500.000 €	100.000 €	100.000 €	100.000 €	0 €	2	2
9	10	500.000 €	100.000 €	100.000 €	100.000 €	0 €	2	2
10	10	500.000 €	100.000 €	100.000 €	100.000 €	0 €	2	2

---

22 Benannt nach Martin Lohmann und Hans Ruchti, die 1953 den zuvor bereits durch Karl Marx und Friedrich Engels in „Das Kapital" beschriebenen Kapazitätserweiterungseffekt bekannt gemacht haben.

Tz. 88

Es gibt jedoch diverse Gründe, warum der Lohmann-Ruchti-Effekt in der Praxis meist *nicht* den gezeigten Effekt hat:

- Die Preise für die Wiederbeschaffung der Maschinen werden wohl nicht konstant bleiben.
- Die steigende Produktionskapazität führt zu steigenden Produktions-, Lagerhaltungs- und Vertriebskosten, die durch entsprechend steigende Umsatzerlöse refinanziert werden müssen.
- Die Maschinen dürfen nicht vorzeitig aus dem Unternehmen ausscheiden, da keine unplanmäßige Ersatzbeschaffung vorgesehen ist.
- Es ist wahrscheinlich, dass die extremen Schwankungen des Maschinenbestandes in den Jahren 3–6 zu Auslastungsdefiziten bzw. Kapazitätsengpässen führen.

3.3 Finanzierung aus Rückstellungswerten

Tz. 89

Einem Unternehmen bietet sich auch die Möglichkeit der Innenfinanzierung durch Rückstellungen. Durch die Passivierung einer Rückstellung fließen originär keine liquiden Mittel zu. Aus diesem Grund ist die Finanzierungswirkung von Rückstellungen hauptsächlich indirekt, da im Rahmen der Kalkulation des Verkaufspreises eines Produktes die zu bildenden Rückstellungen berücksichtigt werden. Akzeptiert der Markt die Verkaufspreise, fließen dem Unternehmen die Gegenwerte der Rückstellungen über die Umsatzerlöse zu und stehen bis zur Inanspruchnahme als verfügbare Liquidität zur Verfügung.

Daneben tritt bei steuerlich zulässigen Rückstellungen ein zusätzlicher Finanzierungseffekt dadurch ein, dass der Jahresüberschuss durch die Bildung von Rückstellungen und damit die Steuerlast gemindert wird.

Bei der Finanzierung aus Rückstellungswerten haben Pensionsrückstellungen die größte Bedeutung, da der Verbleib der liquiden Mittel im Unternehmen hier meist sehr lang ist.

3.4 Finanzierung aus Rationalisierungen und Vermögensumschichtungen

Tz. 90

Durch Rationalisierungsmaßnahmen (z. B. Abbau von Lagerbeständen) und durch Vermögensumschichtungen (sog. Substitutionsfinanzierung) kann ebenfalls eine Kapitalfreisetzung erfolgen. Eine Substitutionsfinanzierung liegt vor, wenn, losgelöst vom gewöhnlichen Geschäftsprozess, Aktiva veräußert und hierdurch Liquidität freigesetzt wird. Besonders geeignet sind hierfür Wertpapiere des Umlaufvermögens und Rohstoffe.

Problembehaftet ist es jedoch, wenn die Kapitalfreisetzung durch die Veräußerung von betriebsnotwendigem Vermögen, z. B. Produktionsanlagen, erreicht wird, da dies zu Kostensteigerungen oder gar zu Behinderungen des Produktionsprozesses führen kann.

4. Fremdfinanzierung im Vergleich zur Eigenfinanzierung

4.1 Grundlagen

Tz. 91

Im Rahmen der Fremdfinanzierung wird dem Unternehmen Fremdkapital in Form von finanziellen Mitteln oder von Sachgütern zugeführt. Das Fremdkapital wird nicht zum Eigenkapital des Unternehmens, sondern stellt eine schuldrechtliche Verbindung zwischen dem kapitalempfangenden Unternehmen (Schuldner) und dem kapitalgebenden Unternehmen (Gläubiger) dar. Als Gläubiger kommen neben Kreditinstituten beispielsweise auch Lieferanten, Kunden oder der Staat in Betracht. Für die Überlassung des Kapitals sind meist variable oder feste Zinsen zu zahlen.

III. Finanzierungsarten

4.2 Leverage-Effekt

Tz. 92

Leverage-Effekt Gelingt es dem Unternehmer, Fremdkapital zu günstigeren Konditionen aufzunehmen, als er selbst an Rendite erzielt, spricht man vom Leverage-Effekt bzw. Hebeleffekt, da durch den Einsatz des zusätzlichen Fremdkapitals mehr Eigenkapital frei wird, das für weitere Investitionen zur Verfügung steht. Hierdurch wird die Eigenkapitalrentabilität gesteigert.

Ein Unternehmen benötigt für eine Investition 100.000 €. Die Gesamtkapitalrentabilität liegt bei 10 %, der Fremdkapitalzins bei 5 %. Das Unternehmen setzt neben Eigenmitteln

a) 30.000 € Fremdkapital,
b) 60.000 € Fremdkapital oder
c) 90.000 € Fremdkapital ein.

	a)	b)	c)
Gewinn vor Zinsen	10.000 €	10.000 €	10.000 €
- Zinsaufwand	- 1.500 €	- 3.000 €	- 4.500 €
= Reingewinn	8.500 €	7.000 €	5.500 €
EK-Rentabilität[23]	12,14 %	17,50 %	55 %

5. Kreditanbieter

Tz. 93

Dem Unternehmer stehen grundsätzlich folgende Kreditanbieter zur Verfügung:

▶ Kreditinstitute
  – Universalbanken (privatrechtliche Banken, Sparkassen, Genossenschaftsbanken und Landesbanken)
  – Spezialbanken (Bausparkassen, Realkreditbanken, Kreditinstitute mit Sonderaufgaben (KfW, Landesförderbanken etc.))

▶ Versicherungen

▶ Investoren (z. B. Beteiligungsgesellschaften und Fonds)

▶ Privatpersonen

6. Möglichkeiten der langfristigen Fremdfinanzierung

6.1 Darlehen

Tz. 94

Das Darlehen ist ein schuldrechtlicher Vertrag, durch den dem Gläubiger Geld (§§ 488 ff. BGB) oder Sachen (§§ 607 ff. BGB) überlassen werden. Der Darlehensnehmer ist nach § 488 Abs. 1 BGB verpflichtet, dem Darlehensgeber Zinsen zu zahlen und bei Fälligkeit das zur Verfügung gestellte Darlehen zurückzuerstatten. Folgende Personengruppen treten am häufigsten als Darlehensgeber in Erscheinung:

▶ **Universalbanken**

Als Universalbanken werden Kreditinstitute bezeichnet, die das gesamte Spektrum der Bank- und Finanzdienstleistungsgeschäfte anbieten. Man bezeichnet Universalbanken daher auch als Vollbanken. Zu den Universalbanken zählen beispielsweise Sparkassen und Genossenschaftsbanken.

▶ **Spezialbanken**

Spezialbanken konzentrieren sich lediglich auf einzelne Bankleistungen. Zu ihnen zählen beispielsweise Realkreditinstitute, die langfristige Darlehen, insbesondere in der Baufinan-

---

23 Eigenkapitalrentabilität = Reingewinn / Eigenkapital x 100 = 8.500 € / 70.000 € x 100 = 12,14 % (usw.).

zierung, ausgeben und sich durch die Emission von Pfandbriefen refinanzieren. Ebenso gehören Kreditinstitute mit Sonderaufgaben für die öffentliche Hand, wie die Kreditanstalt für Wiederaufbau (KfW) oder die IKB Deutsche Industriebank, zu den Spezialinstituten.

▶ Versicherungen

Versicherungen legen die Prämieneinzahlungen ihrer Kunden nicht nur in Aktien, Anleihen und Immobilien an, sondern vergeben teilweise auch Darlehen in Form von Schuldscheindarlehen.

6.2 Schuldscheindarlehen

Tz. 95

Grundlage des Schuldscheindarlehens ist in der Regel ein Schuldschein. Ein Schuldschein verbrieft weder Rechte noch ist er ein Wertpapier. Er dient lediglich als beweiserleichterndes Dokument. Schuldscheindarlehen werden meist von großen Kapitalsammelstellen wie z. B. von Versicherungsgesellschaften ausgereicht.

Im Schuldschein sind fast immer folgende Punkte geregelt:

▶ Betrag (typischerweise > 1 Mio. €)
▶ Zins (meist bis zu 0,5 % über dem Zinssatz von Industrieobligationen)
▶ Laufzeit (oftmals vier bis zehn Jahre)
▶ Besicherung (häufig Grundpfandrechte im ersten Rang)
▶ Tilgung (individuell unterschiedliche Regelungen)

6.3 Anleihen

Tz. 96

Unter einer Anleihe versteht man ein langfristiges Darlehen, das einem Unternehmen gewährt wird. Charakteristisch für eine Anleihe ist die Ausgabe von Teilschuldverschreibungen an eine breite Öffentlichkeit. Es werden u. a. folgende Arten von Anleihen unterschieden:

▶ Industrieobligationen

Eine Industrieobligation ist eine Anleihe, die von der gewerblichen Wirtschaft (auch von Handels- und Dienstleistungsunternehmen – der Name ist insofern irreführend) ausgegeben wird. Durch eine Industrieobligation kann aufgrund der potenziellen Vielzahl der Kapitalgeber ein hoher Kapitalbedarf gedeckt werden. Dies geschieht meist für einen Zeitraum von mindestens zehn Jahren. Ein Vorteil von Industrieobligationen ist, dass diese – anders als Schuldscheindarlehen – an der Börse gehandelt werden. Hierdurch ist jederzeit ein Kauf bzw. Verkauf möglich. Die Emission der Industrieobligation kann vom Unternehmen selbst vorgenommen werden, verursacht jedoch hohe Kosten von bis zu 0,75 % des Nennwertes der Industrieobligation.

▶ Wandelanleihe

Die Wandelanleihe (auch Wandelschuldverschreibung genannt) ist eine Sonderform der Industrieobligation, bei der ein Umtauschrecht auf Aktien (§ 221 Abs. 1 Satz 1 AktG) verbrieft wird, das nach einer gewissen Sperrfrist ausgeübt werden kann. Die Wandelanleihe hat für das emittierende Unternehmen den Vorteil, dass nur der nicht umgetauschte Teil getilgt werden muss. Ansonsten wird das Fremdkapital zu Eigenkapital. Genau hier liegt jedoch auch ein Risiko verborgen: Das Unternehmen kennt bis zum Ablauf der Umtauschfrist nicht das Ausmaß der Kapitalerhöhung. Für den Anleger besteht der Vorteil einer Wandelanleihe darin, dass ein steigender Aktienkurs auch zu einem entsprechenden Kursanstieg der Wandelanleihe führt. Ein Nachteil für den Anleger ist, dass er vor der Umwandlung geringere Zinsen als bei einer normalen Industrieobligation erhält.

▶ Optionsanleihen

Eine weitere Unterart der Industrieobligationen sind Optionsanleihen. Anders als bei der Wandelanleihe ist hier kein Umtausch in Aktien möglich. Der Anleger hat bei der Optionsanleihe neben dem Recht auf Zins und Tilgung ein Bezugsrecht auf Aktien. Hierdurch kann der Anleger bei steigenden Aktienkursen von der Hebelwirkung des Optionsscheins profitieren, hat jedoch bei sinkenden Kursen das Risiko, dass der Optionsschein wertlos ist.

6.4 Darlehensvertrag

6.4.1 Zivilrechtliche Regelungen

Tz. 97

Das Darlehensvertragsrecht ist in den §§ 488 ff. BGB normiert.[24] Der Darlehensvertrag ist ein schuldrechtlicher Vertrag, durch den der Darlehensgeber verpflichtet ist, dem Darlehensnehmer einen Geldbetrag in vereinbarter Höhe zu überlassen (§ 488 Abs. 1 Satz 1 BGB). Der Darlehensnehmer ist verpflichtet, einen geschuldeten Zins zu zahlen und das Darlehen bei Fälligkeit zurückzuerstatten (§ 488 Abs. 1 Satz 2 BGB). Nach § 488 Abs. 2 BGB sind die Zinsen, soweit nichts anderes bestimmt ist, jährlich im Nachhinein zu entrichten. Im Rahmen der Vertragsfreiheit werden oftmals neben den Zinsen auch zusätzlich zu entrichtende Darlehensgebühren vereinbart.

Wird das Darlehen nicht befristet, sondern auf unbestimmte Zeit gewährt, hängt die Fälligkeit des Darlehens nach § 488 Abs. 3 Satz 1 BGB von der Kündigung ab. Die gesetzliche Kündigungsfrist beträgt drei Monate (§ 488 Abs. 3 Satz 2 BGB). Besteht für ein Darlehen eine Zinsbindung, ist eine Kündigung grundsätzlich ausgeschlossen. Nach Ablauf von zehn Jahren hat der Darlehensnehmer, ungeachtet einer etwaigen längeren Zinsbindung, ein außerordentliches Kündigungsrecht (§ 489 Abs. 1 Nr. 3 BGB).

6.4.2 Kapitalkosten eines Darlehens

Tz. 98

Die Kapitalkosten eines Darlehens bestehen vor allem aus:

▶ Zinsen

Die Zinsen werden als Nominalzinssatz angegeben.

▶ Damnum

Das Damnum wird vom Darlehensbetrag einbehalten und stellt quasi vorausbezahlte Zinsen bzw. Gebühren dar.

▶ Bewertungskosten

Oftmals werden vom Kapitalgeber Schätz- oder Bewertungskosten für die Schätzung des Beleihungswertes berechnet.

▶ Versicherungskosten

Der Kreditnehmer ist oftmals verpflichtet, eine Restschuldversicherung abzuschließen oder Gebühren für eine Ausfallversicherung zu entrichten.

▶ Bearbeitungskosten

Kreditinstitute berechnen meist bei Abschluss eines Darlehensvertrags Bearbeitungskosten.

Effektivzins

Kreditgeber sind verpflichtet, gegenüber dem Kunden nicht nur den Nominalzinssatz, sondern auch den Effektivzinssatz anzugeben. Art. 247 § 3 Abs. 2 EGBGB verweist diesbezüglich auf § 6 der Preisangabenverordnung (PAngV). Die dort dargestellte Berechnungsmethode entspricht weitestgehend der Internen Zinsfußmethode[25]. Der Effektivzinssatz umfasst grundsätzlich die Gesamtkosten des Kredits.[26] § 3 Abs. 1 des Art. 247 EGBGB gibt den verpflichtenden Inhalt der vorvertraglichen Informationen wieder.

---

24 Bezüglich des Sachdarlehensrechts wird auf die §§ 607 ff. BGB verwiesen.
25 Die Interne Zinsfußmethode ist nicht Gegenstand des Rahmenstoffplans.
26 Ausnahmen: § 6 Abs. 3 PAngV.

6.4.3 Tilgung und Zinsen

6.4.3.1 Tilgung

Tz. 99

Die Tilgung eines Darlehens kann auf drei verschiedene Weisen erfolgen:

Tz. 100
Fälligkeitsdarlehen

Beim Fälligkeitsdarlehen wird die gesamte Darlehensschuld am Laufzeitende getilgt. Dies bedeutet, dass während der Laufzeit lediglich Zinsen gezahlt werden. Die monatliche Gesamtbelastung während der Darlehenslaufzeit ist bei einem festgeschriebenen Zinssatz gleich hoch.

Fälligkeitsdarlehen

A nimmt ein Darlehen i. H. von 100.000 € über fünf Jahre auf. Der Zinssatz beträgt 8 % p. a. Die Tilgung erfolgt in einer Summe am Laufzeitende.

Es ergibt sich folgender Zahlungsplan:

Jahr	Restschuld Jahresanfang	Zinsen	Tilgung	Restschuld Jahresende
1	100.000 €	8.000 €	- €	100.000 €
2	100.000 €	8.000 €	- €	100.000 €
3	100.000 €	8.000 €	- €	100.000 €
4	100.000 €	8.000 €	- €	100.000 €
5	100.000 €	8.000 €	100.000 €	- €
Summe		40.000 €	100.000 €	

Die jährliche Belastung stellt sich wie folgt dar:

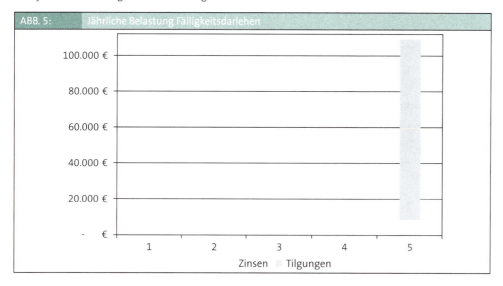

ABB. 5: Jährliche Belastung Fälligkeitsdarlehen

Tz. 101
Tilgungsdarlehen

Bei einem Tilgungsdarlehen wird während der Laufzeit gleichmäßig getilgt. Hierdurch verringert sich die laufende Zinslast. Aus Vereinfachungsgründen wird in Prüfungsaufgaben meist eine jährliche Tilgung unterstellt, obwohl eine monatliche Tilgung praxisnäher wäre.

Tilgungsdarlehen

A nimmt ein Darlehen i. H. von 100.000 € über fünf Jahre auf. Der Zinssatz beträgt 8 % p. a. Die Tilgung erfolgt in fünf Jahresraten (jeweils am Ende eines Laufzeitjahres fällig).

III. Finanzierungsarten

Es ergibt sich folgender Zahlungsplan:

Jahr	Restschuld Jahresanfang	Zinsen	Tilgung	Restschuld Jahresende
1	100.000 €	8.000 €	20.000 €	80.000 €
2	80.000 €	6.400 €	20.000 €	60.000 €
3	60.000 €	4.800 €	20.000 €	40.000 €
4	40.000 €	3.200 €	20.000 €	20.000 €
5	20.000 €	1.600 €	20.000 €	- €
Summe		24.000 €	100.000 €	

Die jährliche Belastung stellt sich wie folgt dar:

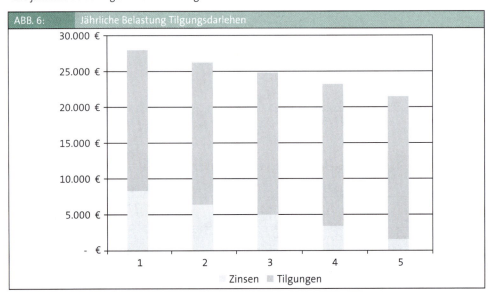

ABB. 6: Jährliche Belastung Tilgungsdarlehen

Tz. 102
Annuitätendarlehen

Annuitätendarlehen Bei dieser Darlehensform zahlt der Kapitalnehmer regelmäßig Annuitäten in gleicher Höhe. Dies bedeutet, dass die Tilgungsanteile im Zeitablauf zunehmen und die Zinsanteile geringer werden. Die Annuitäten werden anhand des Barwerts und des Kapitalwiedergewinnungsfaktors[27] errechnet.

A nimmt ein Darlehen i. H. von 100.000 € über fünf Jahre auf. Der Zinssatz beträgt 8 % p. a. Die Tilgung erfolgt in fünf Annuitäten (jeweils am Ende eines Laufzeitjahres fällig). Der Kapitalwiedergewinnungsfaktor beträgt 0,2504564.
Die Annuität beträgt 25.045,64 € (100.000 € × 0,2504564).
Es ergibt sich folgender Zahlungsplan:

Jahr	Restschuld Jahresanfang	Zinsen	Tilgung	Annuität	Restschuld Jahresende
1	100.000,00 €	8.000,00 €	17.045,64 €	25.045,64 €	82.954,36 €
2	82.954,36 €	6.636,35 €	18.409,29 €	25.045,64 €	64.545,07 €
3	64.545,07 €	5.163,61 €	19.882,03 €	25.045,64 €	44.663,03 €
4	44.663,03 €	3.573,04 €	21.472,60 €	25.045,64 €	23.190,44 €
5	23.190,44 €	1.855,23 €	23.190,41 €	25.045,64 €	0,03 €
Summe		25.228,23 €	99.999,97 €	125.228,20 €	

27 Vgl. Tz. 161.

Die Restschuld von 0,03 € am Ende der Darlehenslaufzeit ist durch Rundungen bedingt.
Die jährliche Belastung stellt sich wie folgt dar:

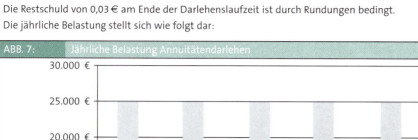

ABB. 7: Jährliche Belastung Annuitätendarlehen

6.4.3.2 Zinsen

Tz. 103

Als Zinsen bezeichnet man das Entgelt für ein über eine bestimmte Zeitspanne überlassenes Sach- bzw. Finanzgut. Die Zinsen können bei einem Darlehen grundsätzlich auf zwei Arten vereinbart sein.

Tz. 104

Festschreibung eines bestimmten Zinssatzes

Der Zinssatz kann für die gesamte Laufzeit eines Darlehensvertrags fest vereinbart werden. Es ist auch möglich, die Zinsbindung nur für einen Teil der Laufzeit (beispielsweise fünf Jahre) fest zu vereinbaren und nach Ablauf des Bindungszeitraums den Zins neu zu verhandeln. Während Darlehen mit Zinsbindung im privaten Wohnungsbau der Regelfall sind, sind sie im unternehmerischen Bereich eher selten.

fixe Zinsen

Tz. 105

Vereinbarung eines variablen Zinssatzes

Im unternehmerischen Bereich werden meist Darlehensverträge mit einer variablen Verzinsung, die sich an einem Referenzzinssatz orientiert, geschlossen. Referenzzinssätze sind beispielsweise:

variable Zinsen

▶ **Basiszinssatz**

Gemäß § 247 Abs. 1 Satz 1 BGB beträgt der Basiszinssatz 3,62 %.[28] Er wird zum 1. 1. und zum 1. 7. eines Jahres von der Deutschen Bundesbank angepasst (§ 247 Abs. 1 Satz 2 BGB). Er hat sich in letzter Zeit wie folgt entwickelt:

1. 7. 2008 bis 31. 12. 2008:	3,19 %
1. 1. 2009 bis 30. 6. 2009:	1,62 %
1. 7. 2009 bis 30. 6. 2011:	0,12 %
1. 7. 2011 bis 31. 12. 2011:	0,37 %
1. 1. 2012 bis 31. 12. 2012:	0,12 %

---

28 Die Angabe in § 247 Abs. 1 Satz 1 BGB gibt den Basiszinssatz bei Ausfertigung des Gesetzes wieder.

1.1.2013 bis 30.6.2013:	– 0,13 %
1.7.2013 bis 31.12.2013:	– 0,38 %
1.1.2014 bis 30.6.2014:	– 0,63 %
1.7.2014 bis 31.12.2014:	– 0,73 %
1.1.2015 bis 30.6.2016:	– 0,83 %
ab 1.7.2016:	– 0,88 %

▶ Spareckzins

Der Spareckzins bezeichnet die durchschnittliche Verzinsung von Spareinlagen mit gesetzlicher, also dreimonatiger, Verzinsung.

▶ EURIBOR

Der **EUR**o **I**nter**B**ank **O**ffered **R**ate (EURIBOR) ist der Zinssatz, den europäische Banken voneinander beim Handel von Einlagen mit einer festgelegten Laufzeit von einer Woche sowie zwischen einem und zwölf Monaten verlangen. Der EURIBOR wird täglich aus den Meldungen von über vierzig europäischen Banken neu errechnet. Vor Einführung des Euro am 1.1.1999 war der **F**rankfurt **I**nter**B**ank **O**ffered **R**ate (FIBOR) der Referenzinssatz für DM-Anlagen.

▶ LIBOR

Der **L**ondon **I**nter**B**ank **O**ffered **R**ate (LIBOR) ist, vereinfacht gesagt, die britische Variante des EURIBOR.

▶ EONIA

Der **E**uro **O**ver**N**ight **I**ndex **A**verage (EONIA) ist der von der Europäischen Zentralbank offiziell berechnete Tagesgeldzinssatz für den Euro. Auf dem EONIA basieren u. a. diverse Zinsswaps[29] und Geldmarktfonds.

Tz. 106
Absicherung durch Zinsswaps

Swaps

Kreditnehmer können sich bei Darlehensverträgen mit variablem Zinssatz gegen Zinsschwankungen mittels derivativer Finanzinstrumente absichern. In diesem Zusammenhang sind sehr häufig Zinsswaps anzutreffen. Hierbei vereinbaren zwei Vertragspartner einen Tausch von Zinsverbindlichkeiten. Die Zinszahlungen werden oftmals so festgesetzt, dass ein Partner einen Festzinssatz zahlt, der andere Partner hingegen einen variablen Zinssatz. Es ist auch möglich, Verbindlichkeiten mit unterschiedlichen Laufzeiten oder Tilgungsterminen zu tauschen. Durch den Tausch sollen einerseits die Zinskosten, andererseits das Zinsänderungsrisiko minimiert werden.

Das Unternehmen A hat ein variabel verzinsliches Darlehen über 10 Mio. € von der Bank X erhalten.

Um sich gegen steigende Zinsen abzusichern, geht A ein Swapgeschäft über 10 Mio. € mit Unternehmen B ein. Das Unternehmen A verpflichtet sich hierdurch, während der Vertragslaufzeit einen fixen, festgelegten Zinssatz an Unternehmen B zu zahlen, und erhält im Gegenzug dafür eine variable Zinszahlung von Unternehmen B.

Folglich bezahlt das Unternehmen A einen fixen Zinssatz an das Unternehmen B und erhält dafür von Unternehmen B einen variablen. Mit diesen Zinseinnahmen bezahlt es dann die variablen Zinsen des Darlehens der Bank X.

Steigen die Zinsen, steigt der Zinssatz des Darlehens. Gleichzeitig steigt jedoch auch der Zinsbetrag, den das Unternehmen A aus dem Swapgeschäft erhält. Sinken die Zinsen, sinkt sowohl der Zinssatz des Darlehens, als auch der Zinsbetrag, welcher aus dem Swapgeschäft fließt. Unabhängig davon zahlt das Unternehmen A stets den fixen Zinsbetrag an das Unternehmen B.

---

29 Swap = Tausch.

Somit hat sich das Unternehmen A gegen steigende Zinsen abgesichert. Nachteil ist jedoch, dass das Unternehmen A von Zinssenkungen nicht profitiert. Verläuft das variable Zinsniveau seitwärts, ergeben sich aufgrund der entstehenden Gebühren Kosten, die ohne das Swapgeschäft nicht entstanden wären.

Tz. 107
Einfluss eines Damnums auf den effektiven Zins

Wird bei Auszahlung eines Darlehens ein Damnum einbehalten, weicht der nominelle Zinssatz von der tatsächlichen, effektiven Belastung ab. Der Effektivzins kann bei einem Fälligkeitsdarlehen mittels folgender Formel berechnet werden. Es handelt sich hierbei jedoch nur um eine Näherungsrechnung.

Damnum

$$r = \frac{Z + \dfrac{D}{n}}{K} \times 100$$

r = Effektivzinssatz
Z = Nominalzinssatz
D = Damnum
K = Auszahlungskurs
N = Laufzeit

Unternehmen A nimmt ein Darlehen über 500.000 € zu einem Zinssatz von 6 % auf. Das Darlehen wird i. H. von 480.000 € (96 %) ausbezahlt und ist am Ende der achtjährigen Laufzeit in einem Betrag zu tilgen.

Der Effektivzinssatz berechnet sich wie folgt:

$$r = \frac{Z + \dfrac{D}{n}}{K} \times 100 = \frac{6 + \dfrac{4}{8}}{96} \times 100 = 6{,}77\,\%$$

Handelt es sich um ein Tilgungsdarlehen ist die Berechnung des Effektivzinssatzes aufwendiger, da in die obige Formel die mittlere Laufzeit einzusetzen ist. Dies bedeutet, dass „n" durch „t_m" ersetzt wird. Die mittlere Laufzeit berechnet sich wie folgt:

$$t_m = \frac{t + 1}{2}$$

t_m = mittlere Laufzeit
t = gesamte Laufzeit

Unternehmen A nimmt ein Darlehen über 500.000 € zu einem Zinssatz von 6 % auf. Das Darlehen wird i. H. von 480.000 € (96 %) ausbezahlt und ist am Ende jedes Jahres der achtjährigen Laufzeit in gleichmäßigen Beträgen zu tilgen.

Die mittlere Laufzeit beträgt:

$$t_m = \frac{8 + 1}{2} = 4{,}5$$

Der Effektivzinssatz berechnet sich wie folgt:

$$r = \frac{Z + \dfrac{D}{t_m}}{K} \times 100 = \frac{6 + \dfrac{4}{4{,}5}}{96} \times 100 = 7{,}18\,\%$$

Erfolgt die Tilgung nach einer tilgungsfreien Zeit in gleichen Raten, ist zur Berechnung des Effektivzinssatzes in die Grundformel die mittlere Laufzeit unter Berücksichtigung der tilgungsfreien Laufzeit einzuarbeiten. Die mittlere Laufzeit beträgt:

$$t_m = t_f + \frac{(t - t_f) + 1}{2}$$

t_f = tilgungsfreie Laufzeit

Unternehmen A nimmt ein Darlehen über 500.000 € zu einem Zinssatz von 6 % auf. Das Darlehen wird i. H. von 480.000 € (96 %) ausbezahlt und ist am Ende jeden Jahres der achtjährigen Laufzeit nach einer zweijährigen tilgungsfreien Zeit in sechs gleichmäßigen Beträgen zu tilgen.

Die mittlere Laufzeit beträgt unter Berücksichtigung der tilgungsfreien Zeit:

$$t_m = 2 + \frac{(8 - 2) + 1}{2} = 5{,}5$$

Der Effektivzinssatz berechnet sich wie folgt:

$$r = \frac{Z + \dfrac{D}{t_m}}{K} \times 100 = \frac{6 + \dfrac{4}{5{,}5}}{96} \times 100 = 7{,}01\,\%$$

Wie aus den Beispielen ersichtlich ist, steigt der effektive Zinssatz, wenn die Tilgung über die gesamte Laufzeit des Darlehens erfolgt.

6.4.4 Effektivzinsberechnung bei Anleihen

Tz. 108

In Tz. 96 wurden bereits die Merkmale von Anleihen vorgestellt. Im Folgenden wird nun auf die Effektivzinsberechnung bei Industrieobligationen eingegangen. Diese Papiere sind regelmäßig festverzinslich. Es gibt maximal zwei Zinszahlungstermine jährlich. Wird das Papier zwischen zwei Zinszahlungsterminen veräußert, erhält der Veräußerer vom Erwerber die anfallenden Stückzinsen.

Herunter- u. Heraufkonversion

Der Nominalzins einer Anleihe ist grundsätzlich für die gesamte Laufzeit fixiert. Werden innerhalb der Laufzeit der Anleihe starke Zinsschwankungen befürchtet, kann sich der Emittent ein Kündigungsrecht vorbehalten. Dieses, als Konversion bezeichnete Kündigungsrecht, kann als Herunterkonversion (Kapitalmarktzins liegt deutlich unter dem Nominalzinssatz der Anleihe) oder als Heraufkonversion (Kapitalmarktzins liegt deutlich über dem Nominalzinssatz der Anleihe) erfolgen. Nach einer Konversion werden den Haltern der gekündigten Anleihen unverzüglich neue Anleihen zu aktualisierten Konditionen angeboten. Diese müssen das Angebot jedoch nicht annehmen. Hierdurch besteht für den Emittenten das Risiko, dass die Finanzierung gefährdet wird.

Tz. 109

Da der Ausgabekurs von Anleihen in der Regel nicht 100 % beträgt, weicht der Effektivzinssatz oftmals vom Nominalzinssatz ab. Je stärker die Abweichung von Ausgabekurs zu Rückgabekurs und je kürzer die Laufzeit der Anleihe ist, desto stärker ist die Differenz zwischen Nominal- und Effektivzins. Der Effektivzins kann auch hier mittels einer Formel berechnet werden. Es handelt sich hierbei jedoch ebenfalls nur um eine Näherungsrechnung.

$$r = \frac{Z + \dfrac{R - K}{n}}{K} \times 100$$

r = Effektivzinssatz

Z = Nominalzinssatz

R = Rückzahlungskurs

K = Ausgabekurs
n = Laufzeit

Unternehmen A emittiert eine Industrieobligation. Der Ausgabekurs beträgt 96 % des Rückzahlungskurses. Die Nominalverzinsung beträgt 8 % bei einer Laufzeit von zehn Jahren. Die Rückzahlung erfolgt am Ende der Laufzeit in einer Summe. Der Effektivzinssatz berechnet sich wie folgt:

$$r = \frac{Z + \frac{R-K}{n}}{K} \times 100 = \frac{8 + \frac{100-96}{10}}{96} \times 100 = 8{,}75\,\%$$

Tz. 110

Handelt es sich um ein Tilgungsdarlehen ist bei der Berechnung des Effektivzinssatzes in die obige Formel wiederum die mittlere Laufzeit einzusetzen.

Unternehmen A emittiert eine Industrieobligation. Der Ausgabekurs beträgt 96 % des Rückzahlungskurses. Die Nominalverzinsung beträgt 8 % bei einer Laufzeit von zehn Jahren. Die Rückzahlung erfolgt in gleichen Jahresraten, die jeweils am Ende eines Laufzeitjahres fällig werden. Die mittlere Laufzeit beträgt:

$$t_m = \frac{10 + 1}{2} = 5{,}5$$

Der Effektivzinssatz berechnet sich wie folgt:

$$r = \frac{Z + \frac{R-K}{t_m}}{K} \times 100 = \frac{8 + \frac{100-96}{5{,}5}}{96} \times 100 = 9{,}09\,\%$$

7. Möglichkeiten der kurzfristigen Fremdfinanzierung

7.1 Handelskredit

Tz. 111

Unter Handelskrediten versteht man Kredite, die von Handelspartnern gewährt werden. Es gibt zwei Arten von Handelskrediten:

▶ **Lieferantenkredit**

Bei einem Lieferantenkredit erhält das Unternehmen Lieferungen oder sonstige Leistungen auf Ziel, also unter Stundung des Kaufpreises. Oftmals wird bei einem Lieferantenkredit lediglich das maximale Zahlungsziel (bis zu 40 Tage) ausgenutzt. Es kann jedoch auch dazu kommen, dass ein Lieferant bei einer dauerhaften Beziehung zum Abnehmer aus Gründen der Kundenbindung einen langfristigen Kredit gewährt. Der Lieferantenkredit hat zwar erhebliche Vorteile in Bezug auf Schnelligkeit, Bequemlichkeit und Formlosigkeit der Kreditgewährung, ist aber relativ teuer:

Die A-AG kauft Handelswaren, die binnen zehn Tagen abzüglich 3 % Skonto, binnen 30 Tagen netto Kasse zu zahlen sind.

Wird auf die Inanspruchnahme des Skontos unter Ausreizung des maximalen Zahlungsziels verzichtet, ergeben sich für die A-AG folgende Kapitalkosten:

$$r = \frac{\text{Skontosatz}}{\text{Zahlungsziel - Skontofrist}} \times 360 = \frac{3\,\%}{30 - 10} \times 360 = 54\,\%$$

▶ **Kundenkredit**

Bei einem Kundenkredit tritt der Kunde in Vorleistung. Dies bedeutet, dass der Kunde vor Erhalt der Lieferung bzw. sonstigen Leistungen bereits Zahlungen an den Vertragspartner leistet. Neben einem Liquiditätsvorteil hat der Lieferant eine gewisse Sicherheit, dass der Kunde die Leistung auch abnimmt.

7.2 Kontokorrentkredit

Tz. 112

Kapitalkosten des Kontokorrentkredits

Ein Kontokorrentkredit (§§ 355–357 HGB) ist ein revolvierendes Bankdarlehen, also ein Kredit, der während der Laufzeit beliebig oft zurückgezahlt und wieder beansprucht werden kann. Hierdurch ist der Kontokorrentkredit sehr flexibel einsetzbar. Nachteil ist jedoch, dass erhebliche Kapitalkosten anfallen, die sich aus folgenden Positionen zusammensetzen können:

▶ **Sollzinsen**

Sollzinsen werden für die Inanspruchnahme von Krediten berechnet und liegen meist ca. 6 % über dem Basiszinssatz.

▶ **Kreditprovision**

Die Kreditprovision ist eine Vergütung für die Bereitstellung des Kreditrahmens, unabhängig von dessen Ausschöpfung.

▶ **Überziehungsprovision**

Die Überziehungsprovision, auch als Überziehungszinsen bezeichnet, wird berechnet, wenn die vereinbarte Kreditlinie überschritten wird. Der Zinssatz liegt hier über dem Sollzinssatz des Kontokorrentkredits.

▶ **Sonstiges**

Neben den genannten Positionen fallen meist noch Umsatzprovisionen (z. B. 0,25 € je Kontobewegung) und Barauslagen (z. B. für Spesen, Gebühren und Porti) an.

7.3 Wechselkredit

Tz. 113

Unter Wechselkrediten bzw. Diskontkrediten versteht man die Beträge, die eine Bank für die vorzeitige Einlösung eines Wechsels zur Verfügung stellt. Einzelheiten zu Wechseln können Tz. 236 entnommen werden.

7.4 Lombardkredit

Tz. 114

Lombardkredit = Verpfändung von Wertpapieren

Ein Lombardkredit ist ein Kredit, der gegen Verpfändung von Wertpapieren, Forderungen, Waren, Rohstoffen und dergleichen gewährt wird. Der Kreditnehmer erhält als Kredit nicht den Wert seines Pfandes, sondern nur einen bestimmten Prozentsatz davon. Meist werden Wertpapiere verpfändet. Diese haben den Vorteil, dass sie oftmals ohnehin vom Kreditinstitut verwahrt werden, sodass keine Übergabe notwendig ist. Darüber hinaus können Wertpapiere jederzeit ohne größeren Aufwand veräußert werden, wenn die planmäßige Rückzahlung des Kredits ausbleibt.

Der Kreditnehmer hat bei der Verpfändung von Wertpapieren den Vorteil, dass diese für die Leistungserstellung des Unternehmens nicht erforderlich sind und somit durch die Verpfändung die betrieblichen Prozesse nicht beeinträchtigt werden.

7.5 Avalkredit

Tz. 115

Avalkredit = Eventualschuld

Der Avalkredit ist kein Darlehen, sondern eine Form der Kreditleihe. Wird ein Avalkredit vereinbart, übernimmt ein Kreditinstitut lediglich eine Eventualverbindlichkeit. Eine Inanspruchnahme hieraus erfolgt nur, wenn der Aval in Anspruch genommen wird. Dies geschieht in Form einer Bürgschaft oder Garantie, die das Kreditinstitut im Auftrag eines Kunden gegenüber einem Dritten übernommen hat. Dies kann u. a. bei Zollbürgschaften, Bietungs- und Gewährleistungsgarantien der Fall sein. Die Kapitalkosten entstehen in Form einer Avalprovision, die sich auf rund 1 bis 3 % p. a. beläuft.

7.6 Factoring

Tz. 116

Beim Factoring, auch Forderungszession genannt, erwirbt der sog. Factor die Forderungen seines Kunden. Der Factor verpflichtet sich, folgende Funktionen zu übernehmen:

echtes Factoring

- **Dienstleistungsfunktion**

  Der Factor ist für die Debitorenbuchhaltung, das Mahnwesen und das Rechnungsinkasso zuständig.

- **Delkrederefunktion**

  Der Factor übernimmt das Risiko einer Zahlungsunfähigkeit des Schuldners. Die Risikostruktur der Schuldner ist ein maßgeblicher Faktor für die Berechnung der Kosten des Factorings.

- **Finanzierungsfunktion**

  Der Factor zahlt dem Factoring-Kunden umgehend den Kaufpreis für die Forderungen. Hierdurch fallen Kapitalkosten an, die in etwa mit dem Kontokorrentzinssatz vergleichbar sind.

Nimmt der Factor die Delkrederefunktion nicht wahr, spricht man vom unechten Factoring.

unechtes Factoring

8. Sonderformen der Fremdfinanzierung

8.1 Leasing

Tz. 117

Unter Leasing[30] versteht man eine miet- oder pachtweise Überlassung des Leasingguts vom Leasinggeber an den Leasingnehmer gegen Zahlung eines vereinbarten Leasingentgelts. Leasing bietet für das Unternehmen vor allem folgende Vorteile:

Vorteile des Leasings

- Schonung der Liquidität durch kontinuierliche Abflüsse anstelle eines einmalig höheren Liquiditätsabflusses.
- Die Leasingkosten fallen parallel zur Nutzung an und können somit durch die Erträge, die das Leasinggut erwirtschaftet, gedeckt werden (sog. Kongruenzprinzip).
- Leasingaufwendungen können steuerlich voll abgesetzt werden.[31]
- Am Ende der vertraglichen Laufzeit besteht die Möglichkeit, das Leasinggut zu übernehmen. Hiervon kann je nach unternehmerischer Entwicklung Gebrauch gemacht werden.

Ein Leasingvertrag hat jedoch auch diverse Nachteile:

Nachteile des Leasings

- Der Leasingnehmer ist nicht Eigentümer des Objekts, er kann es also nicht weiterveräußern, um Liquiditätsengpässe auszugleichen.
- Die Leasingraten sind aufgrund der Bindung an die Vertragslaufzeit auch bei Nichtnutzung des Objekts zu bezahlen.
- Die Gesamtkosten von Leasing sind meist höher als bei einer „klassischen" Fremdfinanzierung.

Es werden grundsätzlich folgende Grundtypen des Leasings unterschieden:

Grundtypen des Leasings

- **Vollamortisation**

  Hier werden innerhalb der vereinbarten Laufzeit die Anschaffungskosten des Leasinggegenstandes und die Finanzierungskosten vollständig bezahlt, es erfolgt jedoch kein zivilrechtlicher Eigentumsübergang. Handels- und steuerrechtlich kann der Leasinggegenstand

---

[30] Engl.: to lease = mieten, pachten.
[31] Bei der Gewerbesteuer erfolgt jedoch ab 2008 eine Zurechnung des in den Leasingaufwendungen enthaltenen Finanzierungsanteils (vgl. § 8 Nr. 1d und e GewStG).

jedoch von Beginn an dem Leasingnehmer zugerechnet werden. Einzelheiten regelt insbesondere das BMF-Schreiben v. 19. 4. 1971 (IV B/2 - S 2170 - 31/71).

▶ **Teilamortisation (Restwert-Leasing)**

Der Leasingnehmer bezahlt hier einen Teil der Anschaffungskosten des Leasingobjektes sowie dessen Finanzierungskosten. Bei Vertragsende liegt ein kalkulierter Restwert vor. Dieser kann mit Vertragsoptionen des Leasinggebers oder des Leasingnehmers verbunden sein. Übliche Vertragsvereinbarungen sind vor allem:

– Verlängerungsoption

– Kaufoption des Leasingnehmers

– Andienungsrecht des Leasinggebers

Um die Einstufung als verdeckter Ratenkauf zu vermeiden, darf ein Eigentumsübergang an den Leasingnehmer bei Vertragsabschluss nicht feststehen.

direktes und indirektes Leasings

Es werden nach der Person des Leasinggebers folgende Leasingarten unterschieden:

▶ **Direktes Leasing**

Hier tritt der Hersteller des Leasinggutes unmittelbar als Leasinggeber auf.

▶ **Indirektes Leasing**

Beim indirekten Leasing ist der Leasinggeber nicht Hersteller des Leasinggutes. Vielmehr ist zwischen dem Hersteller und dem Leasingnehmer eine Leasinggesellschaft geschaltet. Letztere erwirbt das Leasinggut vom Hersteller und schließt mit dem Leasingnehmer einen Leasingvertrag. Der Leasinggeber refinanziert sich meist über ein Kreditinstitut.

8.2 Asset Backed Securities

Tz. 118

ABS

Unter Asset Backed Securities (ABS) versteht man eine besondere Form der Verbriefung von Forderungsansprüchen. Es werden Wertpapiere (securities) geschaffen, die durch den Bestand an Forderungen (assets) gedeckt (backed) sind. Der Unterschied zum Factoring besteht darin, dass diverse Forderungen zu einem Forderungspool zusammengeschlossen werden und hierdurch das Risiko des Forderungsausfalls aufgrund der eintretenden Streuung geringer ist. Da der Aufwand und somit die Kosten von ABS relativ teuer sind, wird dieses Finanzierungsinstrument meist von Kreditinstituten genutzt, die hierdurch einen Teil ihrer Kreditforderungen handelbar machen, um sich Liquidität zu verschaffen.

9. Mezzanine Finanzierungsformen

Tz. 119

Der Begriff Mezzanine[32] bezeichnet Finanzierungsarten, die eine Mischform zwischen Eigen- und Fremdkapital darstellen. Das Fremdkapitalelement ist bei Mezzanine-Gestaltungen vor allem durch eine befristete Laufzeit, einen festen Rückzahlungsanspruch und erfolgsunabhängige Zinszahlungen geprägt. Eigenkapitalähnliche Elemente bestehen in der Nachrangigkeit der Forderungen der Mezzanine-Kapitalgeber gegenüber den übrigen Kapitalgebern und einer erfolgsabhängigen Vergütung.

Der Zweck von Mezzanine-Finanzierungen besteht in der Stärkung der Kapitalbasis von Unternehmen durch eigenkapitalähnliche Mittel ohne Änderung der Beteiligungsverhältnisse. Ziel ist die Zuführung von Kapital bei gleichzeitiger steuerlicher Abzugsfähigkeit der hierfür gezahlten Vergütungen (wie bei Fremdkapital).

---

32 Mezzanine = lat.: Zwischengeschoss.

Tz. 120

Typische Mezzanine-Finanzierungen sind

Mezzanine-Finanzierungen

▶ **Nachrangdarlehen**

Nachrangdarlehen sind Darlehen, die mit der besonderen Vereinbarung der nachrangigen Befriedigung durch eine Rangrücktrittsvereinbarung gegenüber anderen, im Darlehensvertrag genau zu benennenden, Gläubigern abgeschlossen werden.

▶ **Genussscheine**

Ein Genussschein ist ein Wertpapier, das Genussrechte verbrieft. Genussrechte sind Rechte verschiedener Art, insbesondere Rechte am Gewinn und am Liquidationserlös. Es handelt sich bei Genussrechten stets um Vermögensrechte; Stimmrechte bestehen keine.

▶ **Beteiligung als Stiller Gesellschafter**

Erfolgt eine Beteiligung an einem Handelsgewerbe[33] als Stiller Gesellschafter, handelt es sich gemäß § 230 HGB nur um eine Vermögens-, nicht um eine Kapitaleinlage. Diese geht in das Betriebsvermögen des Betriebsinhabers über. Folglich ist die Stille Gesellschaft lediglich eine Innengesellschaft und weder rechtsfähig noch nach außen hin erkennbar. Die Einlage wird je nach Ausgestaltung des Gesellschaftsvertrags innerhalb des Eigenkapitals oder als langfristige Verbindlichkeit ausgewiesen.

Stiller Gesellschafter kann jede natürliche oder juristische Person sein. Auch Personengesellschaften oder BGB-Gesellschaften i. S. der §§ 705 ff. BGB können sich still beteiligen.

Der Stille Gesellschafter ist stets am Gewinn beteiligt, sogar eine Beteiligung am Verlust ist möglich (§ 231 Abs. 2 HGB). Die Gewinnbeteiligung ist eine zwingende Voraussetzung für das Anerkennen einer Stillen Gesellschaft. Wird eine Festverzinsung der Vermögenseinlage oder eine Umsatzbeteiligung vereinbart, liegt keine Stille Gesellschaft vor. Ein Stiller Gesellschafter kann neben der Beteiligung am laufenden Gewinn auch an den seit Gründung der Stillen Gesellschaft entstehenden stillen Reserven beteiligt sein. Ist dies der Fall, spricht man von einer atypisch Stillen Gesellschaft. Dies hat vor allem steuerliche Auswirkungen, da der atypisch Stille Gesellschafter Einkünfte aus Gewerbebetrieb (§ 15 Abs. 1 Nr. 2 EStG), der typisch Stille Gesellschafter jedoch Einkünfte aus Kapitalvermögen (§ 20 Abs. 1 Nr. 4 EStG) erzielt.

10. Möglichkeiten einer kurzfristigen Außenhandelsfinanzierung

10.1 Kurzfristige Außenhandelsfinanzierung

Tz. 121

Unter kurzfristiger Außenhandelsfinanzierung werden Instrumente wie Import- oder Exportkredite verstanden. Diese dienen zur Absicherung des Gläubigers in der Zeit zwischen Wareneingang beim Empfänger der Ware und Zahlungseingang beim Gläubiger. Meist verlangt der Kreditgeber als Sicherheit die Sicherungsübereignung der Ware.

Da gerade bei Exportgeschäften die Bonität des Abnehmers und die zum Teil schwierige Rechtsverfolgung in ausländischen Staaten für den Exporteur ein besonderes Risiko darstellt, bedient sich dieser sehr häufig des sog. Exportfactorings. Hierbei übernimmt der Factor für das Exportgeschäft die Finanzierungsfunktion. Der Hauptunterschied zum klassischen Factoring[34] besteht darin, dass sich der Factor im Sitzland des Schuldners einer Niederlassung bzw. eines Korrespondenten oder einer Schwestergesellschaft bedient, die mit den rechtlichen Besonderheiten des betreffenden Staates vertraut ist und aufgrund der örtlichen Nähe auch unmittelbar mit dem Schuldner in Kontakt treten kann.

Exportfactoring

---

33 Als Gesellschaftsformen kommen neben Einzelunternehmern auch Personengesellschaften und Kapitalgesellschaften in Betracht. Das Unternehmen muss jedoch Kaufmann i. S. des HGB sein.
34 Vgl. Tz. 116.

10.2 Forfaitierung

Tz. 122

Forfaitierung von Forderungen

Unter Forfaitierung[35] versteht man den Ankauf von Forderungen, die meist aus Exportgeschäften stammen. Hierbei übernimmt der Käufer (Forfaiteur) das Ausfallrisiko. Ähnlich wie beim Factoring nimmt der Forfaiteur eine Delkredere- und Finanzierungsfunktion wahr. Diese erstreckt sich bei der Forfaitierung jedoch nicht auf mehrere oder gar alle Forderungen des Verkäufers (Forfaitist), sondern nur auf einzelne. Hierdurch erhält der Forfaitist schnell liquide Mittel und kann das Beitreibungs- und Ausfallrisiko abgeben. Darüber hinaus erlischt das Kursrisiko zum Zeitpunkt der Forfaitierung.

Der Forfaiteur ist natürlich im Gegenzug bemüht, sein Risiko möglichst gering zu halten. Dies kann er beispielsweise dadurch erreichen, dass der Importeur eine Sicherheit in Form einer Bankgarantie (Bankaval) abgibt.

11. Möglichkeiten einer mittel- und langfristigen Außenhandelsfinanzierung

Tz. 123

Die mittel- und langfristige Außenhandelsfinanzierung wird vor allem durch die Ausfuhrkredit-Gesellschaft mbH und durch die KfW Bankengruppe getragen.

11.1 AKA-Kredite

Tz. 124

AKA

Die Ausfuhr-Kredit-Gesellschaft mbH (AKA), ein privat-rechtliches Gegenstück zur öffentlich-rechtlichen KfW, wurde 1952 als AG (das zweite A im Namen) gegründet, firmiert aber mittlerweile als GmbH. Gesellschafter sind 22 deutsche Banken, von denen die Deutsche Bank AG die Federführung übernommen hat. AKA-Kredite sind über die Hausbank (AKA-Gesellschafterbank) zu beantragen. Die AKA-Kredite unterteilen sich im Wesentlichen in folgende Kreditlinien:

▶ Plafond[36] A

Der Plafond A dient dem Exporteur während der Produktionszeit und auch zur Gewährung eines Zahlungsziels durch einen Lieferantenkredit.

Die jeweilige Kredithöhe und Laufzeit ergeben sich aus dem zeitlichen Anfall der Aufwendungen während der Produktionszeit und den vereinbarten Zahlungszielen. In der Regel hat der Exporteur eine Selbstfinanzierungsquote von mindestens 10 % zu erfüllen. Meist werden die Forderungen des Exporteurs an die AKA zur Sicherung abgetreten.

▶ Plafond C, D und E

Bei den Kreditlinien Plafond C, D und E handelt es sich um Bestellerkredite an ausländische Käufer. Diese drei Kreditlinien unterscheiden sich im Wesentlichen durch eine unterschiedliche Refinanzierung.

Die mögliche Kredithöhe entspricht dem Auftragswert. Der Abnehmer hat auch hier meist eine Selbstfinanzierungsquote von mindestens 10 % zu erfüllen. Die Kredite werden durch den Bund, zum Teil auch durch einen anderen Exportversicherer gedeckt.

11.2 KfW-Kredite

Tz. 125

KfW

Die Kreditanstalt für Wiederaufbau (KfW) wurde 1948 aus Mitteln des Europäischen Wiederaufbauprogramms (ERP) gegründet, um den Wiederaufbau der deutschen Wirtschaft nach dem Zweiten Weltkrieg zu finanzieren. Der KfW Bankengruppe, deren Gesellschafter der Bund

---

35 Franz.: le forfait = die Pauschale.
36 Das Wort Plafond bezeichnet eigentlich die flache Decke eines Raumes. In der Finanzwissenschaft wird dieser Begriff für die Bezeichnung der Obergrenze einer Kreditaufnahme verwendet.

11. Möglichkeiten einer mittel- und langfristigen Außenhandelsfinanzierung

(80 %) und die Bundesländer sind, gehören die KfW Förderbank, die KfW Mittelstandsbank, die DEG, die KfW Entwicklungsbank und die KfW IPEX-Bank an. Vor allem letztere ist für die Exportfinanzierung zuständig.

Darüber hinaus gibt es noch das KfW/ERP-Exportfinanzierungsprogramm. Hier erfolgt die Kreditgewährung grundsätzlich in Form von liefergebundenen Finanzkrediten, die an die jeweiligen Besteller direkt oder an eine Bank im Bestellerland ausgereicht werden. Begünstigt sind jedoch nur Ausfuhren in Entwicklungsländer gemäß Teil 1 der jeweils gültigen Liste des Ausschusses für Entwicklungsländer (DAC) der Organisation für wirtschaftliche Zusammenarbeit und Entwicklung (OECD[37]).

---

[37] Engl.: Organisation for Economic Cooperation and Development.

Fragen

1.) Wie hoch muss das gezeichnete Kapital einer GmbH bzw. einer AG mindestens sein und wie lautet der jeweilige Fachbegriff für das gezeichnete Kapital?

Das Stammkapital einer GmbH muss mindestens 25.000 € betragen, das Grundkapital einer AG mindestens 50.000 € (Tz. 66 und 69).

2.) Welche Möglichkeiten hat ein Unternehmen, sich aus Umsatzerlösen zu finanzieren?

Die Finanzierung kann aus thesaurierten Gewinnen, Abschreibungsgegenwerten und Rückstellungsgegenwerten erfolgen (Tz. 73).

3.) Welche Größen werden zu den Materialkosten addiert, um den Angebotspreis zu ermitteln (drei Nennungen)?

- *Lohnkosten*
- *Abschreibungen*
- *Gewinn (Tz. 74)*

4.) Wie kann eine stille Selbstfinanzierung erfolgen?

Durch Unterbewertung von Aktivvermögen bzw. einer Überbewertung von Schulden (Tz. 76)

5.) Wo sind beispielsweise kurzfristige stille Reserven gebunden?

In fertigen und unfertigen Erzeugnissen sowie in Rohstoffen (Tz. 77)

6.) Welche Nachteile hat die Selbstfinanzierung gegenüber der Außenfinanzierung (drei Nennungen)?

Dem Unternehmen ist es nur schwer möglich, das künftige Selbstfinanzierungspotenzial zu prognostizieren. Außerdem existiert kein externer Kreditgeber, der die Investition aus Eigeninteresse, aber mit der notwendigen Distanz zum Unternehmen kritisch beurteilt. Des Weiteren kann durch die stille Selbstfinanzierung der Gewinn zum Nachteil von Anteilseignern und Öffentlichkeit beeinflusst werden (Tz. 79).

7.) Was ist der Unterschied zwischen der geometrisch-degressiven und der arithmetisch-degressiven Abschreibung?

Bei der geometrisch-degressiven Abschreibung wird die Abschreibung in jeder Periode unter Verwendung eines konstanten Prozentsatzes vom jeweiligen Restwert in fallenden Jahresbeträgen ermittelt (Tz. 83).

Dagegen reduziert sich bei der arithmetisch-degressiven Abschreibung der Abschreibungsbetrag in jeder Periode um den gleichen Betrag (Tz. 84).

8.) Welcher andere Begriff ist für den Kapazitätserweiterungseffekt geläufig?

Lohmann-Ruchti-Effekt (Tz. 87)

9.) Was ist eine Wandelanleihe?

Eine Wandelanleihe ist eine Industrieobligation, bei der der Inhaber das Recht hat, das Papier nach Ablauf einer Sperrfrist in Aktien des emittierenden Unternehmens umzutauschen. Als Ausgleich für dieses Umtauschrecht muss der Inhaber während der Haltefrist meist geringere Zinsen in Kauf nehmen (Tz. 96).

10.) Worin können die Kapitalkosten eines Darlehens bestehen (vier Nennungen)?

- *Zinsen*
- *Bewertungskosten*
- *Versicherungskosten*
- *Bearbeitungskosten (Tz. 98)*

11.) Wie entwickeln sich Tilgungs- und Zinsanteile bei einem Annuitätendarlehen?

Da die Annuität gleich bleibt, nehmen die Tilgungsanteile im Zeitablauf zu und die Zinsanteile werden geringer (Tz. 102).

12.) Was versteht man unter dem EURIBOR?

Der EURIBOR ist der täglich neu errechnete Zinssatz, den europäische Banken voneinander beim Handel von Einlagen mit einer Laufzeit von einer Woche sowie zwischen einem und zwölf Monaten verlangen (Tz. 105).

13.) Was ist ein Lombardkredit?

Dies ist ein Kredit, der gegen Verpfändung von Wertpapieren, Forderungen usw. gewährt wird (Tz. 114).

14.) Was versteht man unter einem Avalkredit?

Im Rahmen eines Avalkredits übernimmt ein Kreditinstitut nur eine Eventualschuld. Dies geschieht oftmals in Form von Bürgschaften oder Garantien. Die anfallenden Kapitalkosten werden als Avalprovision bezeichnet (Tz. 115).

15.) Was bedeutet die Abkürzung ABS im finanzwirtschaftlichen Zusammenhang?

***A**sset **B**acked **S**ecurities (Tz. 118)*

16.) Was bedeutet der Begriff Mezzanine-Finanzierung und welche mezzaninen Finanzierungsformen gibt es (drei Nennungen)?

Eine Mezzanine-Finanzierung ist eine Mischform aus Eigen- und Fremdkapitalzuführung. Der Eigenkapitalcharakter entsteht vor allem durch die Nachrangigkeit der Forderung gegenüber anderen Kapitalgebern. Da der Kapitalgeber jedoch grundsätzlich einen Rückzahlungsanspruch hat, liegt auch Fremdkapitalcharakter vor (Tz. 119). Mezzanine Finanzierungsformen sind beispielsweise Nachrangdarlehen, Stille Beteiligungen und Genussscheine (Tz. 120).

17.) In welcher Form kann sich ein Stiller Gesellschafter sein Engagement vergüten lassen? Wo ist dies gesetzlich geregelt?

Ein Stiller Gesellschafter kann sich sowohl am Gewinn als auch am Verlust beteiligen. Bei einer sog. atypisch Stillen Gesellschaft ist auch eine Beteiligung an den stillen Reserven, die ab Gründung der Gesellschaft entstanden sind, möglich. Die Regelungen hierzu finden sich in §§ 230 ff. HGB (Tz. 120).

IV. Investitionsbedarf feststellen und Investitionsrechnungen durchführen

1. Investitionsbedarf

Tz. 126

Als Investition bezeichnet man die Bindung von Kapital in Sachgüter oder Rechte. Eine Investition stellt somit eine Mittelverwendung dar. Unter Investitionsbedarf werden alle für eine Rechnungsperiode geplanten Investitionen subsumiert. Hierbei werden die einzelnen Investitionsarten nach Dringlichkeit eingeteilt. Eine einfache Einteilung kann in folgende Bereiche erfolgen:

▶ Notwendige Investitionen

Wenn die notwendigen Investitionen nicht vorgenommen werden würden, wären die wesentlichen betrieblichen Ziele gefährdet.

▶ Erwünschte Investitionen

Die erwünschten Investitionen sind nicht zwingend erforderlich, um das Unternehmensziel zu erreichen. Werden sie vorgenommen, dürften sie die betrieblichen Ziele jedoch fördern. Die erwünschten Investitionen sollten nur bei einer gesicherten Finanzlage realisiert werden.

1.1 Investitionsarten

Tz. 127

Es werden im Wesentlichen folgende Investitionsarten unterschieden:

▶ Sachinvestitionen

Hierbei handelt es sich um Investitionen, die unmittelbaren Einfluss auf den Leistungsprozess des Unternehmens haben (z. B. Maschinen). Aus diesem Grund werden Sachinvestitionen auch als leistungswirtschaftliche Investitionen oder Realinvestitionen bezeichnet. Die durch die Sachinvestition verursachten Auszahlungen können einfach ermittelt werden. Dagegen bereitet die Ermittlung der durch die Sachinvestition verursachten Einzahlungen oftmals größere Schwierigkeiten.

Sachinvestitionen

▶ Finanzinvestitionen

Finanzinvestitionen, auch Nominalinvestitionen genannt, umfassen Bankguthaben, gewährte Darlehen, festverzinsliche Wertpapiere und Unternehmensbeteiligungen. Die durch die Finanzinvestitionen verursachten Auszahlungen können ebenso wie die erzielten Einzahlungen (z. B. Zinsen und Dividenden) meist genau erfasst werden.

Nominalinvestitionen

▶ Immaterielle Investitionen

Unter immateriellen Investitionen versteht man Investitionen in den

immaterielle Investitionen

- Personalbereich (z. B. Akquise von Mitarbeitern, Aus- und Fortbildungsinvestitionen),
- Marketingbereich (z. B. werbende und imageverbessernde Maßnahmen),
- Forschungs- und Entwicklungsbereich (z. B. klassische Forschung, aber auch Verbesserung von bestehenden Fertigungsverfahren).

1.2 Investitionszwecke

Tz. 128

Man unterscheidet die Investitionszwecke wie folgt:

▶ Gründungsinvestition

Hier handelt es sich um Investitionen, die bei der Gründung bzw. beim Erwerb des Unternehmens entstehen. Andere Bezeichnungen für Gründungsinvestitionen sind:

Gründung

- Anfangsinvestitionen,
- Errichtungsinvestitionen und
- Neuinvestitionen.

▶ **Erweiterungsinvestitionen**

Erweiterung   Erweiterungsinvestitionen fallen bei einer Vergrößerung des vorhandenen Leistungsspektrums bzw. bei Kapazitätserweiterung des Unternehmens an.

▶ **Ersatzinvestitionen**

Ersatz   Ersatzinvestitionen, die auch als Reinvestitionen bezeichnet werden, dienen dazu, die Leistungsfähigkeit des Unternehmens zu erhalten. Dies geschieht dadurch, dass nicht mehr nutzbare Investitionsobjekte durch neue gleichartige ersetzt werden. Rationalisierungsinvestitionen sind eine Unterart der Ersatzinvestitionen. Hier wird die Leistungsfähigkeit des Unternehmens dadurch gesteigert, dass vorhandene Investitionsobjekte durch neue, technisch verbesserte Investitionsobjekte ersetzt werden.

1.3 Investitionsplanung

Tz. 129

Planung von Investitionen   Die Investitionsplanung ist eine Teilplanung der Unternehmensplanung. Sie beschäftigt sich mit der Beschaffung von Investitionsobjekten. Die Dokumentation der Investitionsplanung erfolgt im Investitionsplan. Die Bedeutung des Investitionsplans ist für das Unternehmen von verhältnismäßig großer Bedeutung, da Investitionen i. d. R. eine relativ lange und hohe Kapitalbindung zur Folge haben. Darüber hinaus erhöht sich durch Investitionen der Anteil der fixen Kosten eines Unternehmens. Nachteil hierbei ist, dass die fixen Kosten auch dann anfallen, wenn die Investitionsobjekte aufgrund etwaiger Absatzprobleme nur in geringem Umfang oder kaum genutzt werden.

Tz. 130

Wahrung der Fristenkongruenz   Die Investitionsplanung muss sich an den Finanzierungsmöglichkeiten des Unternehmens orientieren. Dies bedeutet nicht nur, dass geprüft werden muss, ob die Investition überhaupt möglich ist. Es muss auch untersucht werden, ob die Fristenkongruenz – langfristig genutzte Investitionen sollen durch langfristig zur Verfügung stehendes Kapital finanziert werden – gewahrt wird.

1.3.1 Quantitative und qualitative Bewertungskriterien

Tz. 131

Quantität   Ein Investitionsplan wird nach quantitativen und qualitativen Bewertungskriterien aufgestellt. Quantitative Bewertungskriterien sind vor allem:

▶ Kosten, die durch die Investition verursacht werden,

▶ Erlöse, die durch die Investition erzielt werden,

▶ Rentabilität (Verhältnis der erzielten Erlöse zum durch die Investition gebundenen Kapital),

▶ Amortisationszeit (Zeit, in der die Überschüsse aus einer Investition den Kapitaleinsatz decken),

▶ Kapitalwert, der sich als Differenz zwischen den Barwerten von Einzahlungen und Auszahlungen ergibt.

Tz. 132

Qualität   Qualitative Bewertungskriterien sind vor allem:

▶ wirtschaftliche Bewertungskriterien (z. B. Zuverlässigkeit, Kundendienstpreise),

▶ technische Bewertungskriterien (z. B. Genauigkeit, Störunanfälligkeit),

▶ rechtliche Bewertungskriterien (z. B. Beurteilung der rechtlichen Zulässigkeit der Investition),

▶ soziale Bewertungskriterien (z. B. Umweltverträglichkeit, Arbeitnehmerschutz).

1.3.2 Begrenzungsfaktoren

Tz. 133

Unter Begrenzungsfaktoren versteht man Nebenbedingungen der Investition, die unbedingt erfüllt sein müssen. Die Begrenzungsfaktoren können wie die qualitativen Bewertungsfaktoren wirtschaftlicher, technischer, rechtlicher oder sozialer Art sein.

Begrenzung

1.3.3 Die zehn Schritte der Investitionsplanung

Tz. 134

Die Investitionsplanung läuft i. d. R. nach folgendem Schema ab:

Ablaufschema der Investitionsplanung

1. **Anregung der Investition**

   Die Investition kann durch unternehmensinterne (z. B. Fertigungswirtschaft oder Absatzwirtschaft) oder durch unternehmensexterne Quellen (z. B. Geschäftspartner oder Gesetzgeber) ausgelöst werden.

2. **Definition der Investition**

   Im Rahmen dieses Schrittes werden das Investitionsproblem und die Dringlichkeit der Investition sowie deren Vor- und Nachteile dargestellt.

3. **Festlegung der Bewertungskriterien**

   Die quantitativen und qualitativen Bewertungskriterien (siehe oben) werden festgelegt.

4. **Festlegung der Begrenzungsfaktoren**

   Die wirtschaftlichen, technischen, rechtlichen und sozialen Begrenzungsfaktoren werden festgelegt.

5. **Ermittlung der Investitionsalternativen**

   Nachdem die Bewertungskriterien und die Begrenzungsfaktoren bestimmt wurden, sind die möglichen Investitionsalternativen festzulegen. Investitionsalternativen können beispielsweise über Kataloge, Fachzeitschriften, Branchenhandbücher und Messebesuche gefunden werden.

   Besteht die Investition nicht in einem standardisierten Produkt, sondern handelt es sich um eine Sachinvestition in ein technologisch neuartiges Objekt oder um eine Finanz- bzw. immaterielle Investition, ist eine Sammlung von Informationsalternativen aufwendiger. In der Praxis bedient man sich häufig diverser Kreativitätstechniken wie Brainstorming.

6. **Vorauswahl der Investitionsalternativen**

   Von den erarbeiteten Investitionsalternativen werden mittels der Begrenzungsfaktoren die Investitionsalternativen ausgeschieden, die die Vorgaben nicht erfüllen. Diese Selektion wird als Screening bezeichnet.

7. **Bewertung von Investitionsalternativen**

   Die verbliebenen Investitionsalternativen werden anhand von Investitionsrechnungen, die u. a. die Amortisationszeit, die Zuverlässigkeit und die Rentabilität berücksichtigen, bewertet. Dieses Verfahren nennt man Scoring.

8. **Bestimmung der vorteilhaftesten Investitionsalternative**

   Aufgrund der Bewertung der Investitionsalternativen ist es möglich, die vorteilhafteste Variante zu bestimmen. Hierzu wird eine Rangordnung erstellt.

9. **Realisierung der Investition**

   Als nächster Schritt erfolgt die Durchführung der Investition. Dieser geht meist ein entsprechender Beschluss der Unternehmensleitung bzw. in größeren Unternehmen der Investitionsabteilung bzw. des Investitionsausschusses voraus.

10. **Evaluierung der Investition**

    Nach erfolgter Investition ist diese zu evaluieren. Hierbei soll festgestellt werden, ob

    – Abweichungen zwischen den geplanten und den tatsächlich eingetretenen Daten vorliegen,

    – Anpassungsmaßnahmen der in der Kalkulation berücksichtigten Werte nötig sind,

    – Erfahrungswerte für künftige Investitionsplanungen gewonnen werden können.

2. Investitionsrechnungsverfahren

2.1 Statische Investitionsrechnungsverfahren

Tz. 135

statische Investitionsrechnung

Statische Investitionsrechnungsverfahren sind dadurch gekennzeichnet, dass sie sich nur auf eine Periode beziehen, keine Interdependenzen berücksichtigen und auf Kosten und Erlösen basieren. Ein großer Nachteil von statischen Investitionsrechnungsverfahren ist die Beschränkung auf nur eine Periode.

Der Vorteil der statischen Verfahren besteht darin, dass mit verhältnismäßig geringem Aufwand die Vorteilhaftigkeit von abgrenzbaren, gleichartigen Investitionsobjekten bestimmbar ist. Folgende vier Verfahren sind prüfungsrelevant:

▶ Kostenvergleichsrechnung

▶ Gewinnvergleichsrechnung

▶ Rentabilitätsvergleichsrechnung

▶ Amortisationsverfahren

2.1.1 Kostenvergleichsrechnung

Tz. 136

Mittels der Kostenvergleichsrechnung werden Investitionsobjekte dadurch miteinander verglichen, dass die von ihnen verursachten Kosten einander gegenübergestellt werden. Die Kostenarten, die im Regelfall einbezogen werden, sind Kapital- und Betriebskosten. Die Erlöse, die durch die Investitionsobjekte verursacht werden, bleiben bei der Kostenvergleichsrechnung außen vor.

2.1.1.1 Kapitalkosten

Tz. 137

Kapitalkosten = Abschreibungen + Zinsen

Kapitalkosten bestehen aus kalkulatorischen Abschreibungen und aus kalkulatorischen Zinsen. Die kalkulatorischen Abschreibungen werden bei der Investitionsrechnung grundsätzlich linear ermittelt. Hierbei wird üblicherweise der Restwert einbezogen, wenn das Investitionsobjekt nicht bis zum Totalverschleiß genutzt wird. Es ergibt sich folgende Formel zur Berechnung der kalkulatorischen Abschreibungen:

$$b = \frac{A - RW}{n}$$

b = Abschreibungen (€/Periode)

A = Anschaffungskosten (€)

RW = Restwert (€)

n = Nutzungsdauer (Jahre)

Tz. 138

Die kalkulatorischen Zinsen werden berücksichtigt, um das durch die Investition gebundene Kapital zu verzinsen. Der Kalkulationszinssatz ist in Aufgaben meist gegeben. Fließt das gebundene Kapital kontinuierlich zurück, ergibt sich folgende Berechnung der Zinsen:

2. Investitionsrechnungsverfahren

$$Z = \frac{A}{2} \times i$$

Z = Zinsen (€/Periode)

i = Kalkulationszinssatz (%)

Tz. 139

Ist bei dem Investitionsobjekt ein Restwert zu berücksichtigen, wird dieser in die Formel eingepflegt:

Berücksichtigung eines Restwerts

$$Z = \frac{A + RW}{2} \times i$$

Die Kapitalkosten pro Periode, auch als Kapitaldienst (KD) bezeichnet, stellen sich bei kontinuierlichen Rückflüssen wie folgt dar:

$$KD = \frac{A - RW}{n} + \frac{A + RW}{2} \times i$$

Tz. 140

Fließt das gebundene Kapital nicht gleichmäßig, sondern am Periodenende (z. B. durch Abschreibungen) zurück, verändert sich die Formel für die kalkulatorischen Zinsen wie folgt:

Rückfluss am Periodenende

$$Z = \left(\frac{A}{2} + \frac{A}{2n} \right) \times i$$

Ist bei dem Investitionsobjekt ein Restwert zu berücksichtigen, ist dieser wieder in die Formel einzupflegen:

$$Z = \left(\frac{A - RW}{2} + \frac{A - RW}{2n} + RW \right) \times i$$

Eine Investition verursacht Anschaffungskosten von 100.000 €, ihre Nutzungsdauer beträgt sechs Jahre, der Kalkulationszinssatz 8 %.

▶ Berechnen Sie die kalkulatorischen Abschreibungen. Berücksichtigen Sie hierbei einen Restwert von 10.000 €.

▶ Berechnen Sie die kalkulatorischen Zinsen sowohl für kontinuierliche Rückflüsse als auch bei Rückflüssen am Periodenende. Gehen Sie hierbei jeweils von einem Restwert von 10.000 € aus.

kalkulatorische Abschreibungen:

$$b = \frac{A - RW}{n} = \frac{100.000 - 10.000}{6} = 15.000 \,€$$

kalkulatorische Zinsen (kontinuierliche Rückflüsse):

$$Z = \frac{A + RW}{2} \times i = \frac{100.000 + 10.000}{2} \times 8\% = 4.400 \,€$$

kalkulatorische Zinsen (Rückflüsse am Periodenende):

$$Z = \left(\frac{A - RW}{2} + \frac{A - RW}{2n} + RW \right) \times i$$

$$= \left(\frac{100.000 - 10.000}{2} + \frac{100.000 - 10.000}{2 \times 6} + 10.000 \right) \times 8\% = 5.000 \,€$$

2.1.1.2 Betriebskosten

Tz. 141

Betriebskosten Die Betriebskosten setzen sich hauptsächlich aus folgenden Kostenarten zusammen:

- Personalkosten (z. B. Löhne, Gehälter und Sozialleistungen),
- Materialkosten (z. B. Roh-, Hilfs- und Betriebsstoffe),
- Raumkosten (z. B. Mieten, Abschreibungen, Energiekosten für die Räume),
- Energiekosten (z. B. Strom-, Benzin- und Wasserkosten für die Maschinen),
- Instandhaltungskosten (z. B. Reparatur-, Inspektions- und Wartungskosten).

Die Betriebskosten werden bei der Ermittlung der Kosten wie folgt berücksichtigt:

$$K = KD + B$$

bzw.

$$K = \frac{A - RW}{n} + \frac{A + RW}{2} \times i + B$$

K = Kosten
KD = Kapitaldienst
B = Betriebskosten

Ein Unternehmen plant die Anschaffung einer Maschine. Folgende Daten sind bekannt:

Anschaffungskosten	100.000 €
Restwert	10.000 €
Nutzungsdauer	5 Jahre
Betriebskosten (ohne Abschreibung und Zinsen)	60.000 €/Jahr
Kalkulationszinssatz	6 %

- Berechnen Sie den Kapitaldienst für die geplante Investition. Berücksichtigen Sie hierbei die lineare AfA und kontinuierliche Kapitalrückflüsse.
- Berechnen Sie die jährlich anfallenden Kosten.

$$KD = \frac{A - RW}{n} + \frac{A + RW}{2} \times i$$

$$KD = \frac{100.000 - 10.000}{5} + \frac{100.000 + 10.000}{2} \times 6\,\% = 18.000 + 55.000 \times 6\,\% = 21.3000\,€$$

- Der Kapitaldienst beträgt 21.300 €/Jahr.
- Die jährlichen Kosten belaufen sich auf 81.300 € (21.300 € + 60.000 €).

2.1.1.3 Kostenvergleich

Tz. 142

Vergleich von Investitionsalternativen Werden mehrere alternative Investitionsprojekte betrachtet, bietet es sich an, einen Kostenvergleich durchzuführen. Dieser kann entweder pro Periode oder pro Leistungseinheit vorgenommen werden.

Kostenvergleich pro Periode

Der Kostenvergleich pro Periode kann entweder als mathematischer oder als tabellarischer Kostenvergleich ausgeführt werden.

Der mathematische Kostenvergleich wird anhand folgender Formel vorgenommen:

$$B_I + \frac{A_I}{2} \times i + \frac{A_I}{n_I} \lesseqgtr B_{II} + \frac{A_{II}}{2} \times i + \frac{A_{II}}{n_{II}}$$

Ist ein Restwert zu berücksichtigen, geschieht dies wie folgt:

$$B_I + \frac{A_I + RW_I}{2} \times i + \frac{A_I - RW_I}{n_I} \lesseqgtr B_{II} + \frac{A_{II} + RW_{II}}{2} \times i + \frac{A_{II} - RW_{II}}{n_{II}}$$

Der tabellarische Kostenvergleich kann anhand des folgenden Schemas vorgenommen werden:

	Investitionsobjekt I	Investitionsobjekt II
... (Auflistung der einzelnen Kosten in €/Periode)		
Gesamtkosten (€/Periode)		
Kostendifferenz I - II (€/Periode)		

Ein Unternehmen plant die Anschaffung einer Maschine. Folgende Daten sind bekannt:

	Alternative I	Alternative II
Anschaffungskosten	100.000 €	130.000 €
Restwert	10.000 €	20.000 €
Nutzungsdauer	5 Jahre	5 Jahre
Betriebskosten (ohne Abschreibung und Zinsen)	60.000 €/Jahr	40.000 €/Jahr
Kalkulationszinssatz 6 %		

Nehmen Sie einen Kostenvergleich in mathematischer und in tabellarischer Form vor.

$$B_I + \frac{A_I + RW_I}{2} \times i + \frac{A_I - RW_I}{n_I} \lesseqgtr B_{II} + \frac{A_{II} + RW_{II}}{2} \times i + \frac{A_{II} - RW_{II}}{n_{II}}$$

$$60.000 + \frac{100.000 + 10.000}{2} \times 6\% + \frac{100.000 - 10.000}{5} \lesseqgtr 40.000 + \frac{130.000 + 20.000}{2} \times 6\% + \frac{130.000 - 20.000}{5}$$

$$60.000 + 3.300 + 18.000 \lesseqgtr 40.000 + 4.500 + 22.000$$

$$81.300 \geq 66.500$$

alle Beträge in €	Investitionsobjekt I	Investitionsobjekt II
Abschreibungen	18.000	22.000
Zinsen	3.300	4.500
Betriebskosten	60.000	40.000
Gesamtkosten	81.300	66.500
Kostendifferenz I - II	14.800	

Tz. 143
Kostenvergleich je Leistungseinheit

Ist die mengenmäßige Leistung von alternativen Investitionsobjekten nicht gleich hoch, ist der Kostenvergleich pro Leistungseinheit durchzuführen. Dies ist jedoch nicht nötig, wenn trotz unterschiedlich hoher potenzieller Produktionsmengen bei den Investitionsalternativen eine gleich hohe Menge produziert wird.

Kostenvergleich bei abweichender mengenmäßiger Leistung

IV. Investitionsbedarf feststellen und Investitionsrechnungen durchführen

Ausgangslage sind die Daten des Beispiels weiter oben auf dieser Seite. Zusätzlich ist noch bekannt, dass mit dem Investitionsobjekt I 20.000 Stück/Jahr und mit dem Investitionsobjekt II 16.000 Stück/Jahr zu obigen Gesamtkosten produziert werden können.

alle Beträge in €	Investitionsobjekt I	Investitionsobjekt II
...	...	...
Gesamtkosten	81.300	66.500
Gesamtkosten pro Stück	4,065	4,156
Gesamtkostendifferenz I - II pro Stück	-0,091	

Tz. 144
Kritische Auslastung

kritische Auslastung

Ein zusätzliches Kriterium bei der Investitionsentscheidung kann die kritische Auslastung sein. Dies ist insbesondere dann relevant, wenn die Investitionsobjekte unterschiedlich hohe fixe und variable Kosten haben bzw. wenn nicht sicher ist, ob die möglichen Produktionsmengen voll ausgeschöpft werden. Die kritische Auslastung[38] liegt bei jener Produktionsmenge, bei der die Kosten der alternativen Investitionsobjekte gleich hoch sind.

Aufgabe ist es, die kritische Auslastung von folgenden Investitionsobjekten zu ermitteln:

	Investitionsobjekt I	Investitionsobjekt II
Fixe Kosten in €/Jahr	50.000	40.000
Variable Kosten in €/Jahr	50.000	60.000
Gesamtkosten in €/Jahr	100.000	100.000
produzierte Menge in Stück/Jahr	10.000	10.000

Die variablen Kosten werden pro Stück ermittelt:
Investitionsobjekt I: 5 €/Stück (50.000 € / 10.000 Stück)
Investitionsobjekt II: 6 €/Stück (60.000 € / 10.000 Stück)

Die kritische Auslastung beträgt:

$$x_{kr} = \frac{K_{fII} - K_{fI}}{k_{vI} - k_{vII}} = \frac{40.000 - 50.000}{5 - 6} = \frac{-10.000}{-1} = 10.000 \text{ Stück}$$

Kontrollrechnung:
$K_{fI} + k_{vI}x = K_{fII} + k_{vII}x = 50.000 + 5 \times 10.000 = 40.000 + 6 \times 10.000 = 100.000$

Das Investitionsobjekt II ist bis zu einer produzierten Menge von 10.000 Stück das günstigere, da es niedrigere fixe Kosten verursacht. Erst darüber hinaus wäre das Investitionsobjekt I vorteilhafter.

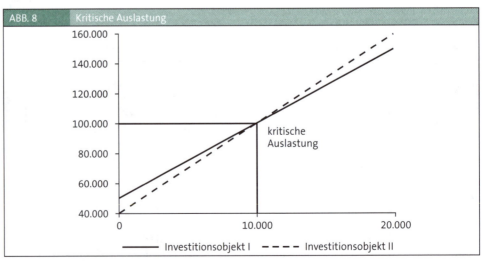

ABB. 8 Kritische Auslastung

---

38 Abkürzung: x_{kr}.

Bei unterschiedlicher Auslastung der Investitionsalternativen muss der Kostenvergleich pro Leistungseinheit vorgenommen werden.

2.1.2 Gewinnvergleichsrechnung

Tz. 145

Die Kostenvergleichsrechnung kann durch eine Gewinnvergleichsrechnung aussagekräftiger werden. Dies ist dann der Fall, wenn sich die alternativen Investitionsobjekte in ihrer quantitativen oder ihrer qualitativen Leistungsfähigkeit unterscheiden. Eine höhere quantitative Leistungsfähigkeit ist nur dann von Belang, wenn der Markt eine höhere Stückzahl zum gleichen Stückpreis abnimmt. Eine höhere qualitative Leistungsfähigkeit kann nur dann berücksichtigt werden, wenn der Markt bereit ist, für eine höherwertige Qualitätsstufe mehr zu bezahlen.

Optimierung durch Gewinnvergleichsrechnung

Der Gewinnbegriff stellt bei der Gewinnvergleichsrechnung die Differenz zwischen Kosten und Erlösen dar. Werden mehrere alternative Investitionsobjekte verglichen, ist Ziel der Gewinnvergleichsrechnung, das gewinnträchtigste zu finden.

2.1.2.1 Gewinnvergleich pro Periode

Tz. 146

Haben die alternativen Investitionsobjekte unterschiedliche quantitative Leistungen, muss der Gewinnvergleich pro Periode vorgenommen werden.

Die A-AG benötigt für ein neues Produkt eine Produktionsmaschine. Es liegen folgende Angebote vor:

	Maschine I	Maschine II
Anschaffungskosten	60.000 €	40.000 €
Nutzungsdauer	6 Jahre	5 Jahre
Auslastung/Jahr	25.000 Stück	22.000 Stück
Durchschnittliche Erlöse/Stück	8 €	8 €
Zinssatz (kontinuierlicher Rückfluss)	8 %	8 %
Fixkosten (ohne AfA und Zinsen)/Jahr	50.000 €	40.000 €
Variable Kosten/Stück	2 €	2 €

▶ Führen Sie eine Gewinnvergleichsrechnung durch.
▶ Wie viele Stück müssen bei einer Produktion mit Maschine I abgesetzt werden, um in die Gewinnzone zu kommen?

	Maschine I	Maschine II
Erlöse/Jahr	200.000 €	176.000 €
Fixkosten/Jahr (AfA)	10.000 €	8.000 €
Fixkosten/Jahr (Zinsen)	2.400 €	1.600 €
Fixkosten/Jahr (sonstige Fixkosten)	50.000 €	40.000 €
Fixkosten/Jahr (Gesamt)	62.400 €	49.600 €
Variable Kosten/Jahr	50.000 €	44.000 €
Gesamtkosten/Jahr	112.400 €	93.600 €
Gewinn/Jahr	87.600 €	82.400 €

Die Maschine I ist gewinnträchtiger. Der Mehrgewinn pro Jahr beträgt 5.200 € (87.600 € - 82.400 €).

Das Erreichen der Gewinnzone wird wie folgt errechnet:

Erlöse(x) = Kosten(x)

$p \times x = k_v \times x + K_f$

$8x = 2x + 62.400\ €$

$6x = 62.400\ €$

$x = 10.400$

Die kritische Menge liegt bei 10.400 Stück, die Gewinnzone wird bei 10.401 Stück erreicht.

2.1.2.2 Gewinnvergleich pro Leistungseinheit

Tz. 147

Ist die mengenmäßig genutzte Leistung der alternativen Investitionsobjekte gleich hoch, kann der Gewinnvergleich pro Leistungseinheit vorgenommen werden.

Angaben wie in Tz. 142, nur haben beide Maschinen eine Auslastung von 25.000 Stück.

Führen Sie eine Gewinnvergleichsrechnung bezogen auf eine Leistungseinheit durch.

	Maschine I	Maschine II
Erlöse/Stück	8 €	8 €
Fixkosten/Stück (Gesamt)	2,50 €	1,98 €
Variable Kosten/Stück	2 €	2 €
Gesamtkosten/Stück	4,50 €	3,98 €
Gewinn/Stück	3,50 €	4,02 €

Die Maschine II ist gewinnträchtiger. Der Mehrgewinn pro Stück beträgt 0,52 € (4,02 € - 3,50 €).

2.1.2.3 Gewinnvergleichsrechnung bei einer Ersatzinvestition

Tz. 148

Die Gewinnvergleichsrechnung wird oftmals auch eingesetzt, um zu prüfen, ob es gewinnträchtiger ist, eine vorhandene, noch nutzbare Maschine durch eine neue zu ersetzen.

Eine vorhandene Maschine mit einer Gesamtnutzungsdauer von zehn Jahren soll am Ende des siebten Jahres eventuell durch eine neue Maschine ersetzt werden. Folgende Daten sind bekannt:

	Vorhandene Maschine	Neue Maschine
Anschaffungskosten	100.000 €	140.000 €
Nutzungsdauer	10 Jahre	10 Jahre
Auslastung/Jahr	20.000 Stück	20.000 Stück
Durchschnittliche Erlöse/Stück	10 €	10 €
Zinssatz (kontinuierlicher Rückfluss)	8 %	8 %
Fixkosten (ohne AfA und Zinsen)/Jahr	50.000 €	30.000 €
Variable Kosten/Stück	2 €	1,80 €

Die alte Maschine hat am Ende des siebten Jahres einen Resterlöswert von 20.000 € und am Ende der Nutzungsdauer von 2.000 €. Die neue Maschine hat am Ende der Nutzungsdauer einen Restwert von 10.000 €.

Untersuchen Sie anhand der Gewinnvergleichsrechnung

- pro Periode und
- pro Leistungseinheit,

ob die Anschaffung der neuen Maschine den Gewinn des Unternehmens steigern würde.

(Gewinnvergleichsrechnung pro Periode):

	Vorhandene Maschine	Neue Maschine
Erlöse/Jahr	200.000 €	200.000 €
Fixkosten/Jahr (AfA)		13.000 €
Verringerung des Liquidationswertes/Jahr[39]	6.000 €	
Fixkosten/Jahr (Zinsen)	880 €	6.000 €

---

[39] Der Liquidationswert verringert sich innerhalb der Restnutzungsdauer um 18.000 €. Dieser Betrag wird gleichmäßig auf die Restnutzungsdauer von drei Jahren verteilt. Die Zinsen werden bei der alten Maschine ebenfalls anhand der Liquidationserlöse ermittelt (20.000 € + 2.000 €) / 2 x 8 %.

Fixkosten/Jahr (sonstige Fixkosten)	50.000 €	30.000 €
Fixkosten/Jahr (Gesamt)	56.880 €	49.000 €
Variable Kosten/Jahr	40.000 €	36.000 €
Gesamtkosten/Jahr	96.880 €	85.000 €
Gewinn/Jahr	103.120 €	115.000 €

Die Anschaffung der neuen Maschine wäre vorteilhaft, da sie eine jährliche Gewinnsteigerung von 11.880 € (115.000 € - 103.120 €) mit sich bringen würde.

(Gewinnvergleichsrechnung pro Leistungseinheit):

	Vorhandene Maschine	Neue Maschine
Erlöse/Stück	10 €	10 €
Gesamtkosten/Stück	4,84 €	4,25 €
Gewinn/Stück	5,16 €	5,75 €

Die Anschaffung der neuen Maschine wäre vorteilhaft, da sie eine Gewinnsteigerung/Stück von 0,59 € (5,75 € - 5,16 €) mit sich bringen würde.

2.1.3 Rentabilitätsvergleichsrechnung

Tz. 149

Die bisher vorgestellten Investitionsrechnungen lassen Rentabilitätsaspekte außen vor. Dieses Manko soll durch die Rentabilitätsvergleichsrechnung ausgeglichen werden. Die Rentabilität kann mit folgender Formel dargestellt werden:

Einbeziehung von Rentabilitätskriterien

$$R = \frac{E - K}{D} \times 100 = \frac{G}{D} \times 100$$

R = Rentabilität (%)

E = Erlöse (€/Periode)

K = Kosten (€/Periode)

D = Durchschnittlicher Kapitaleinsatz (€)

G = Gewinn (€/Periode)

Bei der Ermittlung der Kosten werden die kalkulatorischen Zinsen nicht berücksichtigt, da sonst die Kapitalverzinsung um die kalkulatorischen Zinsen beeinflusst werden würde.

Tz. 150

Der durchschnittliche Kapitaleinsatz wird ermittelt, indem die Summe aus Anschaffungskosten und Restwert durch zwei geteilt wird. Bei einem nicht abnutzbaren Wirtschaftsgut stellen die Anschaffungskosten den durchschnittlichen Kapitaleinsatz dar.

Beispiel wie in Tz. 146. Es soll die Rentabilität der beiden Investitionsalternativen errechnet werden.

$$R_I = \frac{200.000 - 110.000}{30.000} \times 100 = 300\,\%$$

$$R_{II} = \frac{176.000 - 92.000}{20.000} \times 100 = 420\,\%$$

Obwohl Maschine I gewinnträchtiger ist (siehe Tz. 146), hat offenbar Maschine II eine höhere Rentabilität.

fiktive Differenzinvestition

Die Lösung des Beispiels zeigt zwei Probleme der Rentabilitätsvergleichsrechnung auf: Sind die Anschaffungskosten der Investitionsobjekte unterschiedlich hoch, sollte der Differenzbetrag im Rahmen einer fiktiven Differenzinvestition berücksichtigt werden. Ist der Gewinn dieser Differenzinvestition nicht bekannt, ist der in der Aufgabe gegebene Zinssatz zu verwenden. Dies bedeutet im vorliegenden Fall, dass die Ersatzinvestition folgenden Gewinn abwirft:

$$G = \frac{200.000 - 176.000}{2} \times 8\% = 960\,€$$

Die Rentabilität der Maschine II steigt hierdurch:

$$R_{II} = \frac{(176.000 - 92.000) + 960}{20.000} \times 100 = 424,8\%$$

Ein weiteres Problem besteht, wenn die Nutzungsdauer der Investitionsobjekte voneinander abweicht. Dies wird jedoch bei einer Differenz von lediglich einem Jahr vernachlässigt.[40]

2.1.4 Amortisationsvergleichsrechnung

Tz. 151

Kapitalrückflussmethode

Die Amortisationsvergleichsrechnung, auch als Kapitalrückflussmethode bezeichnet, basiert auf den Ergebnissen der Kosten- und Gewinnvergleichsrechnung und soll das finanzwirtschaftliche Risiko der Investition abschätzbar machen. Maßgeblicher Beurteilungsmaßstab ist die Amortisationszeit. Das ist der Zeitraum, in dem das für das Investitionsobjekt eingesetzte Kapital wieder in das Unternehmen zurückfließt. Die Amortisationszeit kann wie folgt in einer Formel ausgedrückt werden:

$$t_w = \frac{A - RW}{\text{Durchschnittlicher Rückfluss}}$$

t_w = Amortisationszeit (Jahre)
A = Kapitaleinsatz (€)
RW = Restwert (€)

Tz. 152

Der durchschnittliche Rückfluss stellt sich eigentlich aus dem Unterschied zwischen den durchschnittlichen jährlichen Einzahlungen und den durchschnittlichen jährlichen Auszahlungen dar. Da diese Werte bei einer statischen Investitionsrechnung nicht vorliegen, wird der durchschnittliche Rückfluss als Summe des durchschnittlichen jährlichen Gewinns und der jährlichen Abschreibungen definiert.

Für ein Investitionsobjekt liegen folgende Daten vor:
- Anschaffungskosten: 210.000 €
- Nutzungsdauer: 8 Jahre
- Restwert am Ende der Nutzungsdauer: 10.000 €
- Gewinn/Jahr: 30.000 €

Gesucht ist die Amortisationszeit.

Jährliche Abschreibung: (210.000 € - 10.000 €) / 8 = 25.000 €

$$t_w = \frac{210.000 - 10.000}{30.000 + 25.000} = 3,64 \text{ Jahre}$$

---

40 Dieses Problem wird i. d. R. nicht in Prüfungsaufgaben thematisiert.

Die Rentabilität wird durch die Amortisationsvergleichsrechnung nicht untersucht.

Tz. 153

Die Amortisationsvergleichsrechnung wird oftmals auch als Kumulationsrechnung dargestellt. Dies bedeutet, dass die prognostizierten jährlichen Rückflüsse solange kumuliert werden, bis der Wert des Kapitaleinsatzes erreicht ist.

Darstellung als Kumulationsrechnung

Für eine Investition stehen zwei Alternativen zur Auswahl. Folgende Daten sind bekannt:

	Maschine I	Maschine II
Anschaffungskosten	160.000 €	170.000 €
Restwert	10.000 €	10.000 €
Nutzungsdauer	5 Jahre	5 Jahre
Gewinn 1. Jahr	20.000 €	25.000 €
Gewinn 2. Jahr	40.000 €	50.000 €
Gewinn 3. Jahr	40.000 €	50.000 €
Gewinn 4. Jahr	35.000 €	40.000 €
Gewinn 5. Jahr	30.000 €	30.000 €
Durchschnittlicher Gewinn	33.000 €	39.000 €

▶ Ermitteln Sie die Amortisationszeit anhand der Durchschnittsrechnung.
▶ Ermitteln Sie die Amortisationszeit anhand der Kumulationsrechnung.

Durchschnittsrechnung:

$$t_{wI} = \frac{A - RW}{\text{Durchschnittlicher Rückfluss}} = \frac{160.000 - 10.000}{33.000 + 30.000} = 2,38 \text{ Jahre}$$

$$t_{wII} = \frac{A - RW}{\text{Durchschnittlicher Rückfluss}} = \frac{170.000 - 10.000}{39.000 + 32.000} = 2,25 \text{ Jahre}$$

Kumulationsrechnung:

	Maschine I		Maschine II	
Rückfluss 1. Jahr	20.000 € + 30.000 €	50.000 €	25.000 € + 32.000 €	57.000 €
Rückfluss 2. Jahr	40.000 € + 30.000 €	120.000 €	50.000 € + 32.000 €	139.000 €
Rückfluss 3. Jahr	40.000 € + 30.000 €	**190.000 €**	50.000 € + 32.000 €	**221.000 €**
Rückfluss 4. Jahr	35.000 € + 30.000 €	255.000 €	40.000 € + 32.000 €	293.000 €
Rückfluss 5. Jahr	30.000 € + 30.000 €	315.000 €	30.000 € + 32.000 €	355.000 €

Die Kumulationsrechnung führt in diesem Beispiel zum gleichen Ergebnis. Bei einer abweichenden Verteilung der Gewinne auf die Nutzungsdauer können beide Methoden aber durchaus zu verschiedenen Ergebnissen führen.

2.2 Dynamische Investitionsrechnungsverfahren

Tz. 154

Dynamische Investitionsrechnungen basieren anders als statische Investitionsrechnungen auf Ein- und Auszahlungen und bedienen sich finanzmathematischer Methoden. Bei der Ermittlung der Auszahlungen bleiben Zinsen unberücksichtigt, da durch die Dynamisierung bereits eine Abzinsung erfolgt. Bevor auf die beiden prüfungsrelevanten dynamischen Investitionsrechnungsverfahren, die Kapitalwertmethode und die Annuitätenmethode, eingegangen wird, werden die finanzwirtschaftlichen Begriffe Barwert, Endwert und Jahreswert erläutert.

Einbeziehung von Zahlungsströmen

2.2.1 Finanzmathematische Begriffe

2.2.1.1 Barwert

Tz. 155

Barwert — Der oftmals auch als Gegenstandswert bezeichnete Barwert einer zukünftigen Ein- oder Auszahlung ist der Wert, der sich durch Abzinsung ergibt. Bei einer Zahlung am Ende der Betrachtungsperiode wird der Barwert wie folgt ermittelt:

$$K_0 = K_n \times \frac{1}{q^n}$$

K_0 = Barwert (€)

K_n = Kapital am Ende des n-ten Jahres (€)

$\frac{1}{q^n}$ = Abzinsungsfaktor (in Aufgaben meist mittels finanzmath. Tabellen gegeben)

Ist der Abzinsungsfaktor nicht gegeben, wird dieser durch den Kalkulationszinssatz (i) ersetzt:

$$K_0 = K_n \times \frac{1}{(1 + i)^n}$$

Eine Zahlung von 100.000 €, die am Ende des 10. Jahres zufließt, hat folgenden Gegenstandswert (i = 8 %):

$$K_0 = 100.000 \times \frac{1}{(1 + 0{,}08)^{10}} = 100.000 \times 0{,}46319349 = 46.319{,}35\ €$$

Wird die Zahlung in gleich hohen Zahlungsbeträgen jeweils am Ende der Periode vorgenommen, wird der Barwert mit folgender Formel ermittelt:

$$K_0 = e \times \frac{q^n - 1}{q^n (q - 1)}$$

e = Einzahlungen (€/Jahr)

Barwertfaktor — $\frac{q^n - 1}{q^n (q - 1)}$ = Barwertfaktor (in Aufgaben meist mittels finanzmath. Tabellen gegeben)

Ist der Barwertfaktor nicht gegeben, wird dieser durch den Kalkulationszinssatz (i) ersetzt:

$$K_0 = e \times \frac{(1 + i)^n - 1}{i(1+i)^n}$$

Eine Zahlung von 100.000 €, die über 10 Jahre gleichmäßig zufließt, hat folgenden Gegenstandswert (i = 8 %):

$$K_0 = 10.000 \times \frac{(1 + 0{,}08)^{10} - 1}{0{,}08(1 + 0{,}08)^{10}} = 10.000 \times \frac{1{,}158925}{0{,}08 \times 2{,}158925} = 10.000 \times \frac{1{,}158925}{0{,}172714} = 67.100{,}81\ €$$

2.2.1.2 Endwert

Tz. 156

Endwert — Als Endwert von Ein- und Auszahlungen wird der Wert bezeichnet, der sich durch Aufzinsung ergibt. Bei einer einmaligen Zahlung am Laufzeitbeginn ergibt sich folgende Formel:

$$K_n = K_0 \times q^n$$

Ist der Aufzinsungsfaktor nicht gegeben, wird dieser durch den Kalkulationszinssatz (i) ersetzt:

Aufzinsungsfaktor

$K_n = k_0 \times (1 + i)^n$

Ein Unternehmen tätigt eine Geldanlage von 100.000 € zu einem Zinssatz von 5 % p. a. Die Zinsen für die gesamte Laufzeit sowie das investierte Kapital werden nach vier Jahren ausbezahlt.

$K_4 = 100.000 \times (1 + 0{,}05)^4 = 121.550{,}63\ €$

Wird die Zahlung in gleich hohen Zahlungsbeträgen jeweils am Ende der Periode vorgenommen, wird der Endwert mit folgender Formel ermittelt:

$K_n = a \times \dfrac{q^n - 1}{q - 1}$

„a" steht in der Formel für Auszahlungen.

Ist der Aufzinsungsfaktor nicht gegeben, wird dieser durch den Kalkulationszinssatz (i) ersetzt:

$K_n = a \times \dfrac{(1 + i)^n - 1}{i}$

Ein Unternehmen tätigt in Form eines Sparplans jeweils am Ende eines Jahres eine Anlage von 10.000 €. Das Kapital und die darauf entfallenden Zinsen von 5 % p. a. werden am Ende des sechsten Jahres ausbezahlt.

$K_6 = 10.000 \times \dfrac{(1 + 0{,}05)^6 - 1}{0{,}05} = 10.000 \times \dfrac{0{,}34009564}{0{,}05} = 68.019{,}13\ €$

2.2.1.3 Jahreswert

Tz. 157

Wird ein jetzt fälliger Betrag in mehreren gleich hohen Teilbeträgen am Ende jeder Periode ausbezahlt, kann die Höhe der Teilbeträge mithilfe des Kapitalwiedergewinnungsfaktors[41] ermittelt werden:

Jahreswert

$e = K_0 \times \dfrac{q^n (q - 1)}{q^n - 1}$

Ist der Kapitalwiedergewinnungsfaktor nicht gegeben, wird dieser durch den Kalkulationszinssatz (i) ersetzt:

Kapitalwiedergewinnungsfaktor

$e = K_0 \times \dfrac{i(1 + i)^n}{(1 + i)^n - 1}$

Ein Unternehmen lässt sich ein fälliges Sparguthaben von 100.000 € in fünf jährlichen Raten auszahlen. Das Guthaben wird mit 4 % verzinst. Der jährliche Auszahlungsbetrag ermittelt sich wie folgt:

$e = 100.000 \times \dfrac{0{,}04(1 + 0{,}04)^5}{(1 + 0{,}04)^5 - 1} = 100.000 \times \dfrac{0{,}04866612}{0{,}2166529} = 22.462{,}71\ €$

Wird die Zahlung eines zu einem späteren Zeitpunkt fälligen Betrages in mehreren gleich hohen Teilbeträgen am Ende jeder vor der Fälligkeit liegenden Periode gezahlt, wird die Höhe der Teilbeträge mittels des Restwertverteilungsfaktors errechnet.

Restwertverteilungsfaktor

$e = K_n \times \dfrac{q - 1}{q^n - 1}$

---

41 Auch als Annuitätenfaktor bezeichnet.

Ist der Restwertverteilungsfaktor nicht gegeben, wird dieser durch den Kalkulationszinssatz (i) ersetzt:

$$e = K_n \times \frac{i}{(1+i)^n - 1}$$

Ein Unternehmen muss in sechs Jahren einen Betrag von 100.000 € leisten. Auf Wunsch des Zahlungsempfängers wird der Betrag in sechs gleichen Raten, jeweils fällig zum Jahresende, vorschüssig bezahlt. Man einigt sich auf einen Zinssatz von 7 %. Der jährlich zu leistende Betrag beläuft sich auf:

$$a = 100.000 \times \frac{0{,}07}{(1+0{,}07)^6 - 1} = 100.000 \times \frac{0{,}07}{0{,}500730} = 13.979{,}58 \text{ €}$$

2.2.2 Kapitalwertmethode

Tz. 158

Kapitalwertmethode

Mit der Kapitalwertmethode wird der Kapitalwert zu Beginn der Nutzungsdauer eines Investitionsobjektes ermittelt:

$C_0 = C_e - C_a$

C_0 = Kapitalwert (€)

C_e = Abgezinste Einzahlungen zzgl. abgezinste Liquidationserlöse (€)

C_a = Abgezinste Auszahlungen zzgl. Anschaffungskosten (€)

ü = Überschüsse

a_0 = Anschaffungswert

Tz. 159

▶ **Jährlich gleichbleibende Überschüsse**

Ein Investitionsobjekt kostet 100.000 € und ist zehn Jahre nutzbar. Die jährlich gleichbleibenden Überschüsse belaufen sich auf 15.000 €. Am Ende der Nutzungsdauer kann ein Liquidationserlös von 10.000 € erzielt werden. Der Kalkulationszinssatz beträgt 8 %.

$$C_0 = \ddot{u} \times \frac{(1+i)^n - 1}{i(1+i)^n} - a_0 + L \times \frac{1}{(1+i)^n}$$

$$C_0 = 15.000 \times \frac{(1+0{,}08)^{10} - 1}{0{,}08(1+0{,}08)^{10}} - 100.000 + 10.000 \times \frac{1}{(1+0{,}08)^{10}}$$

$$C_0 = 15.000 \times \frac{1{,}158925}{0{,}172714} - 100.000 + 10.000 \times \frac{1}{2{,}158925} = 651{,}22 + 4.631{,}93 = 5.283{,}15$$

Die Investition ist vorteilhaft, da sie einen positiven Kapitalwert aufweist.

Zeitstrahl

In Prüfungsaufgaben wird teilweise gefordert, die Ein- und Auszahlungen mittels eines Zeitstrahls darzustellen. Dieser hat bei dem eben gelösten Beispiel folgendes Aussehen:

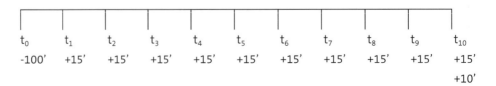

Alternativ ist auch folgende Darstellungsweise gebräuchlich:

Tz. 160

▶ **Jährlich schwankende Überschüsse**

Hier ist der Barwert für jede Periode gesondert zu ermitteln. Dies ist relativ aufwändig, geht aber von realistischeren Bedingungen aus.

Realismus führt zu Mehraufwand

Ein Investitionsobjekt kostet 100.000 € und ist fünf Jahre nutzbar. Am Ende der Nutzungsdauer kann ein Liquidationserlös von 10.000 € erzielt werden. Der Kalkulationszinssatz beträgt 8 %. Als Zahlungsströme werden angenommen:

	Einzahlungen	Auszahlungen
1. Jahr	50.000 €	30.000 €
2. Jahr	55.000 €	32.000 €
3. Jahr	60.000 €	35.000 €
4. Jahr	60.000 €	30.000 €
5. Jahr	50.000 €	25.000 €

Ermitteln Sie den Kapitalwert des Investitionsobjekts.

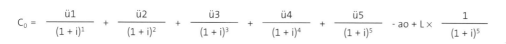

$$C_0 = \frac{ü_1}{(1+i)^1} + \frac{ü_2}{(1+i)^2} + \frac{ü_3}{(1+i)^3} + \frac{ü_4}{(1+i)^4} + \frac{ü_5}{(1+i)^5} - a_0 + L \times \frac{1}{(1+i)^5}$$

$$C_0 = \frac{20.000}{1,08} + \frac{23.000}{1,1664} + \frac{25.000}{1,259712} + \frac{30.000}{1,36048896} + \frac{25.000}{1,469328077}$$

$$- 100.000 + 10.000 \times \frac{1}{1,469328077}$$

$C_0 = $ 18.518,52 + 19.718,79 + 19.845,81 + 22.050,90 + 17.014,58 - 100.000 + 6.805,83

$C_0 = $ 97.148,60 - 100.000 + 6.805,83 = 3.954,43

Der barwertige Gewinn aus der Investition beträgt 3.954,43 €.

2.2.3 Annuitätenmethode

Tz. 161

Annuitätenmethode

Wie der Name sagt, wird bei der Annuitätenmethode die Annuität von Investitionen als Beurteilungsmaßstab herangezogen. Der hauptsächliche Unterschied zur Kapitalwertmethode ist, dass die Annuitätenmethode den Periodenerfolg und die Kapitalwertmethode den Totalerfolg einer Investition ermittelt. Bei der Annuitätenmethode werden die Ein- und Auszahlungen auf den Betrachtungszeitpunkt kapitalisiert und dann mittels des Kapitalwiedergewinnungsfaktors in gleich hohe Annuitäten aufgeteilt. Die Formel hierfür lautet:

$$d = C_0 \times \frac{q^n(q-1)}{q^n - 1}$$

d = Annuität (€/Jahr)
C_0 = Kapitalwert (€)

Kapitalwiedergewinnungsfaktor

$\frac{q^n(q-1)}{q^n - 1}$ = Kapitalwiedergewinnungsfaktor (in Aufgaben meist gegeben)

Ist der Kapitalwiedergewinnungsfaktor nicht gegeben, kann er durch den Kalkulationszinssatz (i) ersetzt werden:

$$d = C_0 \times \frac{i(1+i)^n}{(1+i)^n - 1}$$

Ein Unternehmen plant den Erwerb eines unbebauten Grundstücks für 500.000 €. Dieses soll auf zehn Jahre an den Spediteur S verpachtet werden. Als Überschuss können hierbei durchschnittlich 30.000 € pro Jahr erzielt werden. Nach Ablauf der zehn Jahre will S das Grundstück für 600.000 € erwerben.

Ermitteln Sie, ob die Investition bei einem Kalkulationszinssatz von 8 % vorteilhaft ist.

$d = ü - (a_0 - L \times \frac{1}{(1+i)^n}) \times \frac{i(1+i)^n}{(1+i)^n - 1}$

$d = 30.000 - (500.000 - 600.000 \times \frac{1}{(1+0,08)^{10}}) \times \frac{0,08(1+0,08)^{10}}{(1+0,08)^{10} - 1} =$

$d = 30.000 - (500.000 - 277.916,09) \times 0,14902949 = 30.000 - 33.097,05 = -3.097,05$

Die Investition ist nicht vorteilhaft, da die Annuität -3.097,05 € beträgt.

Bei zeitlich unbegrenzt nutzbaren Investitionsobjekten mit jährlich gleich bleibenden Überschüssen (z. B. Grundstück oder Finanzanlagen) vereinfacht sich die Formel zur Berechnung der Annuität:

$d = ü - a_0 \times i$

Ein Unternehmen plant den Erwerb eines unbebauten Grundstücks für 500.000 €. Dieses soll auf unbestimmte Zeit verpachtet werden. Als Überschuss können hierbei durchschnittlich 30.000 € erzielt werden.

Ermitteln Sie, ob die Investition bei einem Kalkulationszinssatz von 8 % vorteilhaft ist.

$d = ü - a_0 \times i = 30.000 - 500.000 \times 0,08 = 30.000 - 40.000 = -10.000$

Die Investition ist nicht vorteilhaft, da die Annuität -10.000 € beträgt.

2.2.4 Interne Zinsfußmethode

Tz. 162

Wie oben dargestellt, wird bei der Kapitalwertmethode mit einem vorgegebenen Kalkulationszinssatz gerechnet. Bei der internen Zinsfußmethode wird dagegen der Zinssatz ermittelt, der sich bei einem Kapitalwert von 0 ergibt. Da die exakte Berechnung des internen Zinsfußes mathematisch äußerst anspruchsvoll ist, bedient man sich in der Praxis meist eines Interpolationsverfahrens. I. d. R. kommt die sog. Differenzen-Quotientenformel zur Anwendung. In Anbetracht der Komplexität der internen Zinsfußmethode, wird in Prüfungsaufgaben grundsätzlich auf diesbezügliche Berechnungen verzichtet.

interne Zinsfußmethode

2.2.5 Wiederholungsaufgabe

Tz. 163

Privatier P möchte 500.000 € investieren. Er erhält von seinem Anlageberater das Angebot, sich als Stiller Gesellschafter auf Zeit bei einem Produktionsunternehmen zu beteiligen. Der Anlagezeitraum beträgt fünf Jahre. P werden Rückzahlungen in folgender Höhe garantiert:

nach dem 1. Jahr	110.000 €
nach dem 2. Jahr	120.000 €
nach dem 3. Jahr	130.000 €
nach dem 4. Jahr	140.000 €
nach dem 5. Jahr	140.000 €

Die Hausbank des P macht diesem dagegen das Angebot, das Kapital in einer Anleihe mit einer fünfjährigen Laufzeit zu investieren. Hierbei wird dem P eine sichere Rendite von 8 % garantiert.

Ermitteln Sie, welche der beiden Anlagen vorteilhafter ist. Auf ein eventuelles Risiko des Kapitalverlusts ist nicht einzugehen. Verwenden Sie bei Ihrer Lösung folgende finanzmathematische Tabelle (i = 8 %):

	AuF = Aufzinsungsfaktor	AbF = Abzinsungsfaktor
n	AuF $(1 + i)^n$	AbF $(1 + i)^{-n}$
1	1,080000	0,925926
2	1,166400	0,857339
3	1,259712	0,793832
4	1,360489	0,735030
5	1,469328	0,680583

Tz. 164

Beteiligung als Stiller Gesellschafter:

Rückzahlung	Jahr	Diskontierungsfaktor	Barwert
110.000 €	1	0,925926	101.851,86 €
120.000 €	2	0,857339	102.880,68 €
130.000 €	3	0,793832	103.198,16 €
140.000 €	4	0,735030	102.904,20 €
140.000 €	5	0,680583	95.281,62 €
Summe der Barwerte			506.116,52 €
Anfangsausgabe			-500.000,00 €
Kapitalwert			6.116,52 €

Da sich ein positiver Kapitalwert ergibt, liegt die Verzinsung über 8 %. Folglich ist die Beteiligung als Stiller Gesellschafter günstiger.

2.3 Ergebnisse der Investitionsrechnungsverfahren

Tz. 165

Die Ergebnisse der beiden vorgestellten Investitionsrechnungsverfahren berücksichtigen die nachfolgenden Problemfelder nur unzureichend oder überhaupt nicht. Dies muss bei der Investitionsplanung berücksichtigt werden.

▶ Ungewisse Zukunft

Beide Verfahren unterstellen, dass die künftigen Zahlungsströme bekannt sind. Jedoch können maßgebliche Größen, wie die Absatzmenge, der Stückpreis, die tatsächliche Nutzungsdauer, die Instandhaltungskosten, die Zahlungszeitpunkte und vieles mehr nur grob beziffert werden.

▶ Steuerbelastungen

Die Investitionsentscheidungen beeinflussen sowohl gewinnunabhängige Steuern (z. B. USt) als auch gewinnabhängige Steuern (z. B. KSt und GewSt). Die hierdurch ausgelösten Zahlungsströme werden oftmals nicht ausreichend berücksichtigt.

▶ Wechselwirkungen

Die Investitionsrechnungsverfahren betrachten die jeweilige Investition nur isoliert. Jedoch kann eine Investition vielseitige Auswirkungen auf andere Unternehmensentscheidungen und -bereiche haben.

3. Investitionskontrolle

Tz. 166

Es ist sinnvoll, bei jeder getätigten Investition im Rahmen eines Soll-Ist-Vergleiches zu evaluieren, ob die zugrunde gelegten Annahmen eingetreten sind. So können betriebswirtschaftliche Entwicklungen des Unternehmens fundierter beurteilt werden und die gewonnenen Erkenntnisse bei etwaigen Folgeprojekten – insbesondere bei Investitionsketten (regelmäßiger Ersatz einer Anlage) – berücksichtigt werden.

1.) Was versteht man unter immateriellen Investitionen?
Immaterielle Investitionen sind Investitionen in den Personalbereich, den Marketingbereich sowie in den Forschungs- und Entwicklungsbereich (Tz. 127).

2.) Welche Investitionsarten gibt es?
Sach-, Finanz- und immaterielle Investitionen (Tz. 127)

3.) In welche drei Gruppen werden die Investitionszwecke unterschieden?
Gründungs-, Erweiterungs- und Ersatzinvestitionen (Tz. 128)

4.) Welche qualitativen Bewertungskriterien kennt die Investitionsplanung (vier Nennungen)?
Wirtschaftliche, technische, rechtliche und soziale Bewertungskriterien (Tz. 132)

5.) Welches ist regelmäßig der letzte Schritt einer Investitionsplanung?
Evaluierung der Investition (Tz. 134)

6.) Welche statischen Investitionsrechnungsverfahren gibt es (vier Nennungen)?
▶ *Kostenvergleichsrechnung,*
▶ *Gewinnvergleichsrechnung,*
▶ *Rentabilitätsvergleichsrechnung und*
▶ *Amortisationsverfahren (Tz. 135)*

7.) Wie setzen sich die Kapitalkosten zusammen?
Kapitalkosten bestehen aus kalkulatorischen Abschreibungen und kalkulatorischen Zinsen (Tz. 137).

8.) Was versteht man unter dem Kapitaldienst?
Der Kapitaldienst sind die pro Periode anfallenden Kapitalkosten (Tz. 139).

9.) Aus welchen Kostenarten können sich Betriebskosten zusammensetzen (drei Nennungen)?
Personal-, Material- und Raumkosten (Tz. 141)

10.) Was versteht man unter „kritischer Auslastung"?
Die kritische Auslastung ist die Produktionsmenge, bei der die Kosten eines alternativen Investitionsobjekts gleich hoch sind (Tz. 144).

11.) Unter welcher Voraussetzung kann der Gewinnvergleich pro Leistungseinheit vorgenommen werden?
Voraussetzung ist, dass die mengenmäßige Leistung der alternativen Investitionsobjekte gleich hoch ist (Tz. 147).

12.) Was wird bei der Rentabilitätsvergleichsrechnung ins Verhältnis gesetzt?
Der Gewinn wird durch den durchschnittlichen Kapitaleinsatz dividiert (Tz. 149).

13.) Wie wird der durchschnittliche Kapitaleinsatz ermittelt?
Die Summe aus Anschaffungskosten und Restwert wird durch zwei geteilt (Tz. 150).

14.) Welchen anderen Begriff gibt es für die Kapitalrückflussmethode?
Die Kapitalrückflussmethode ist vor allem als Amortisationsvergleichsrechnung bekannt (Tz. 151).

15.) Unter welchem anderen Namen ist die Kumulationsrechnung auch bekannt?
Amortisationsvergleichsrechnung (Tz. 153)

16.) Wodurch unterscheiden sich dynamische von statischen Investitionsrechnungen?
Dynamische Investitionsrechnungen basieren auf konkreten Ein- und Auszahlungen. Die Dynamisierung wird durch finanzmathematische Methoden (z. B. Ermittlung des Bar- oder Endwerts) hergestellt (Tz. 154).

17.) Was ist der wesentliche Unterschied in der Ermittlung des Barwerts bzw. des Endwerts?
Der Barwert ergibt sich durch Abzinsung, der Endwert durch Aufzinsung (Tz. 155 f.).

18.) Wie werden bei der Annuitätenmethode die Ein- und Auszahlungen einbezogen?
Dies geschieht durch eine Kapitalisierung der Beträge auf den Betrachtungszeitpunkt und anschließender Aufteilung in Annuitäten mittels des Kapitalwiedergewinnungsfaktors (Tz. 161).

V. Kreditrisiken und Instrumente zur Risikobewertung

1. Einschätzung der Kreditrisiken

Tz. 167

Das Debitorenmanagement hat zur wesentlichen Aufgabe, die Forderungen gegenüber den Kunden durchzusetzen und das Ausfallrisiko zu minimieren. Hierbei sind folgende Maßnahmen hilfreich:

- Anlage und Pflege von Debitorenkonten innerhalb der Finanzbuchhaltung,
- Prüfung der Kundenbonität (Kundenrating),
- Rechnungen werden transparent und zeitnah erstellt,
- Fälligkeitstermine von Zahlungen werden überwacht,
- außergerichtliches und gerichtliches Mahnverfahren wird konsequent und zeitnah betrieben.

2. Risikoanalyse

2.1 Ausfallrisiko

Tz. 168

In den meisten Branchen werden die Umsätze auf Ziel, also unbar, ausgeführt. Das größte Risiko, das Forderungen anhaftet, ist das Ausfallrisiko. Indizien für eine Uneinbringlichkeit von Forderungen können sein:

uneinbringliche Forderungen

- Zwangsvollstreckung ist fruchtlos verlaufen,
- Schuldner bringt zu Recht Einrede der Verjährung,
- Forderung wurde durch Gericht für unberechtigt erklärt,
- Insolvenzverfahren des Schuldners ist mangels Masse eingestellt,
- Schuldner unbekannt verzogen oder ausgewandert ohne Vermögenswerte zu hinterlassen,
- Schuldner ist verstorben ohne Vermögenswerte zu hinterlassen,
- Schuldner leistet eidesstattliche Versicherung.

In diesen Fällen ist die Forderung komplett abzuschreiben (§ 253 Abs. 4 HGB). Eventuell enthaltene Umsatzsteuerbeträge sind zu korrigieren und können, sofern sie bereits entrichtet wurden, vom Finanzamt zurückgefordert werden (§ 17 Abs. 2 Nr. 1 UStG).

Das Ausfallrisiko kann durch eine Bonitätsprüfung des Kunden im Vorfeld der Leistung oder durch Sicherheiten (z. B. Bürgschaft) verringert werden. Die Lieferung von Waren unter Eigentumsvorbehalt (§ 449 BGB) ist ebenfalls eine Möglichkeit, das Risiko abzufedern.

Verminderung des Risikos

2.2 Konzentrationsrisiko

Tz. 169

Unter Konzentrationsrisiko versteht man das Risiko eines Gläubigers, das aus einer geringen Streuung der Forderungen resultiert. Dies ist beispielsweise der Fall, wenn das leistende Unternehmen auf einen oder einige wenige Großkunden angewiesen ist. Selbst wenn es hier nur zu Zahlungsverzögerungen kommt, kann die Liquidität des Gläubigers enorm gefährdet sein.

Abhängigkeit v. Großkunden

Ein Konzentrationsrisiko besteht auch, wenn vorwiegend Umsätze gegenüber einer Branche getätigt werden. So kann ein branchenspezifischer konjunktureller Abschwung eine ernsthafte Bedrohung für Zulieferer oder Subunternehmer werden.

2.3 Länderrisiko

Tz. 170

Das Länderrisiko resultiert aus dem Außenwirtschaftsverkehr. Werden Leistungen in Drittstaaten ausgeführt, können die bestehenden Forderungen durch politische Risiken (Krieg, Boykott, Unruhen usw.) oder durch Moratoriumsrisiken (zahlungswillige Schuldner werden durch staat-

Gefahr durch Unruhen und Moratorien

2.4 Transferrisiko

Tz. 171

Mangel an Devisen — Als Transferrisiko bezeichnet man das Risiko eines inländischen Gläubigers, dass sein Zahlungsanspruch an einen ausländischen Schuldner bei Fälligkeit nicht beglichen werden kann, da die für die Zahlung benötigten Devisen von der jeweiligen Zentralbank oder Regierung nicht zur Verfügung gestellt werden (können).

2.5 Währungsrisiko/Wechselkursrisiko

Tz. 172

schwankende Kurse — Das Währungs- bzw. Wechselkursrisiko resultiert aus der Unsicherheit über künftige Wechselkursentwicklungen. Diesem Risiko ist man nicht nur hinsichtlich des investierten Kapitals, sondern auch hinsichtlich etwaiger Erträge ausgesetzt.

Bei einer auf US-Dollar lautenden Anleihe beträgt die jährliche Dividende 4 %. Fällt nun der US-Dollar im Vergleich zum Euro, sinkt nicht nur der (umgerechnete) Wert der Anleihe, sondern auch der Ertrag. Verliert der US-Dollar mehr als 4 % gegenüber dem Euro, werden aus dem Investment Verluste erzielt.

Entscheidendes Kriterium bei der Einstufung des Währungs- bzw. Wechselkursrisikos ist die Volatilität, also die Schwankungsbreite des Kurses. Je größer diese ist, desto größer ist das Verlustpotenzial. Insbesondere bei schwachen ausländischen Währungen ist die Volatilität hoch.

2.6 Zinsänderungsrisiko

Tz. 173

Änderung des Zinssatzes — Das Zinsänderungsrisiko ist das Risiko eines Darlehensnehmers oder -gebers, finanzielle Nachteile aus der Veränderung des Zinsniveaus zu erfahren. Dieses Risiko besteht insbesondere bei Gleitzinsdarlehen, da sich der Zinssatz während der Darlehenslaufzeit permanent an die aktuellen Marktzinsdaten anpasst. Aus diesem Grund werden Darlehensnehmer vor allem in Hochzinsphasen Gleitzinsdarlehen beanspruchen, da sie so unmittelbar von sinkenden Zinsen profitieren können.

Zinsbindungsbilanz — In der Praxis wird das Zinsänderungsrisiko oftmals in einer sog. Zinsbindungsbilanz dargestellt. In dieser werden sämtliche aktivischen und passivischen Festzinspositionen abgebildet. In einem nächsten Schritt wird analysiert, bei welchen Positionen in der kommenden Periode die Zinsbindung ausläuft und welcher Zinsüberschuss bzw. -verlust bei einer Änderung des Marktzinsniveaus erzielt wird.

3. Risikostufen

Tz. 174

Ein jedes Unternehmen sollte sein Risikomanagement darauf ausrichten, möglichst viele der beschriebenen Risiken weitestgehend abzudecken. Dies ist dadurch möglich, dass Risikostufen definiert werden:

▶ **Vermeidung**

Sofern möglich, sollen Engagements vermeiden werden, die Risiken verursachen.

▶ **Verringerung**

Die Gefahr, dass ein Risiko eintritt, sollte möglichst klein gehalten werden.

▶ **Begrenzung**

Sollten Schäden eintreten, muss dessen Auswirkung begrenzt werden.

▶ **Versicherung**

Es sollte geprüft werden, ob es möglich und sinnvoll ist, das Schadensrisiko abzuwälzen.

▶ Akzeptanz

Dem Unternehmen wird oftmals nichts anderes übrig bleiben, als ein gewisses Restrisiko zu akzeptieren. Dieses sollte jedoch der Eintrittswahrscheinlichkeit und -höhe nach möglichst genau beziffert werden.

4. Instrumente zur Risikosteuerung (Zins- und Währungsrisiko)

4.1 Hedging

Tz. 175

Möbelhändler M aus Regensburg liefert am 30. 9. 2016 an den amerikanischen Unternehmer U Waren für 500.000 US-Dollar (USD). Die Rechnung ist am 31. 1. 2017 fällig. Zum Zeitpunkt der Lieferung beträgt der Kurs 0,83 €/USD, sodass sich zum 30. 9. 2016 eine Forderung von 415.000 € ergibt (0,83 €/USD × 500.000 USD).

Im Zahlungszeitpunkt beläuft sich der Kurs auf 0,80 €/USD, sodass sich ein Währungsverlust für M von 15.000 € ergeben würde (0,80 €/USD × 500.000 USD = 400.000 €).

Um sich dem Wechselkursrisiko zu entziehen, schließt M aus obigem Beispiel mit einem Kreditinstitut ein Kurssicherungsgeschäft ab. Dieses wird als Hedgegeschäft bezeichnet. Aufgrund dieses Geschäfts ist sichergestellt, dass M bei Fälligkeit des Kaufpreises einen vorher fixierten Umrechnungskurs – hier wohl 0,83 €/USD – von dem Kreditinstitut gutgeschrieben bekommt. Das Wechselkursrisiko liegt somit bei diesem.

Hedging

Wird die Rendite aus dem Grundgeschäft (hier: Möbellieferung) untersucht, sind die Kosten für das Kurssicherungsgeschäft ebenfalls zu berücksichtigen.

4.2 Off-Balance-Sheet-Instrumente

Tz. 176

In der Praxis werden riskante Finanzierungen oftmals außerhalb der Bilanz (off-balance-sheet) dargestellt, um etwaiges Risiko- und Verlustpotenzial nicht offen legen zu müssen. Meist werden hierzu sog. Zweckgesellschaften[42] gegründet. Diese Vorgehensweise ist höchst umstritten und insbesondere in der Finanzmarktkrise ab 2007 in Verruf geraten.

Verschleierung von Risiken

Aber auch Sale-and-Lease-Back-Geschäfte sind ein beliebtes Off-Balance-Sheet-Instrument. Hier wird sowohl das Anlagegut, aber auch die entsprechende Schuldposition aus der Bilanz des Leasingnehmers ausgelagert.

4.3 Devisentermingeschäfte

Tz. 177

Ein Devisentermingeschäft – auch Devisenforward genannt – ist ein Finanzhandelsgeschäft in fremder Währung, bei dem der Zeitpunkt der Erfüllung in frühestens drei Geschäftstagen erfolgt. Um das Währungs- bzw. Wechselkursrisiko zu verringern, wird der Erfüllungskurs bei Abschluss des Termingeschäfts fixiert.

Devisenforward

Ein Devisentermingeschäft wird auch als Outbright- oder Sologeschäft bezeichnet.

4.4 Devisenoptionsgeschäft

Tz. 178

Bei einem Devisenoptionsgeschäft sichert sich der Käufer das Recht zu, Devisen zu einem fixierten Kurs erwerben („call") oder abgeben („put") zu können. Übt der Käufer sein Optionsrecht aus, ist der Verkäufer verpflichtet, das Geschäft einzulösen. Dieses einseitige Risiko lässt sich der Verkäufer durch eine entsprechende Prämie honorieren.

Calls & Puts

---

[42] Engl.: Special Purpose Vehicle bzw. Special Purpose Entity.

4.5 Währungsswaps

Tz. 179

Swaps

Bei einem Währungsswap handelt es sich meist um ein Finanzderivat, also ein Finanztermingeschäft, bei dem Zins- und Kapitalzahlungen in unterschiedlichen Währungen zwischen den Vertragspartnern getauscht werden.

Zu Beginn des Swaps, also bei Vertragsabschluss, werden die beiden Kapitalbeträge in der jeweiligen Währung zum aktuellen Kurs (Kassakurs) getauscht. Während der Laufzeit werden dann die Zinsen getauscht. Hier zahlt jeder Vertragspartner in der Währung, in der er den Kapitalbetrag empfangen hat. Bei Fälligkeit des Swaps werden schließlich die gleichen Kapitalbeträge zum gleichen Kurs wie bei Vertragsbeginn zurückgetauscht (Termingeschäft).

Das in Deutschland ansässige Unternehmen D möchte 6 Mio. Schweizer Franken (CHF) für drei Jahre ausleihen. Die Bank B bietet D folgende Konditionen:

▶ Verschuldung in CHF (fixer Zins): 6,5 %

▶ Verschuldung in € (fixer Zins): 8 %

▶ Swapsätze: CHF: 5 %; €: 7 %

Der aktuelle Wechselkurs beträgt: 1 € = 1,50 CHF

D kann sich nun in Schweizer Franken verschulden. Er kann alternativ auch eine Verschuldung in Euro vornehmen und zusätzlich einen Swap zu Schweizer Franken abschließen:

Cashflow-Entwicklung	Nominalwert	Zinszahlungen (p. a.)	Fälligkeit
Verschuldung € (8 %)	4 Mio. €	- 0,32 Mio. €	- 4 Mio. €
SWAP:			
Forderung € (7 %)	- 4 Mio. €	0,28 Mio. €	4 Mio. €
Verschuldung CHF (5 %)	6 Mio. CHF	- 0,3 Mio. CHF	- 6 Mio. CHF

Wird das Geschäft wie dargestellt abgeschlossen, hat D zum derzeitigen Wechselkurs für ein Darlehen über 6 Mio. CHF jährliche Zinszahlungen i. H. von 0,36 Mio. CHF zu leisten. Dieser Betrag errechnet sich wie folgt:

(- 0,32 Mio. € + 0,28 Mio. €) × 1,50 CHF/€ - 0,3 Mio. CHF = - 0,36 Mio. CHF

Hieraus ergibt sich eine Zinsbelastung von 6 % (0,36 Mio. CHF / 6 Mio. CHF × 100). Da dies günstiger als 6,5 % ist, ist der Swap vorteilhaft.

4.6 Zinscap und Zinsfloor

Tz. 180

Caps & Floors

Bei Zinscaps und Zinsfloors handelt es sich um Zinsderivate, die neben einer variablen Verzinsung eine Zinsobergrenze (Cap) beziehungsweise eine Zinsuntergrenze (Floor) bieten.

4.7 Collar

Tz. 181

Collar als Rahmen

Ein Collar ist die vertragliche Vereinbarung einer Ober- und Untergrenze für den Preis eines Geschäfts. Die Ober- und Untergrenze wird hier wieder als Cap und Floor bezeichnet. Erwirbt nun beispielsweise ein Vertragspartner den Cap und verkauft gleichzeitig den Floor, kann er im hierdurch definierten Rahmen auch bei extremen Preisschwankungen seine Geschäfte abschließen.

Wird wie hier neben dem Cap ein Floor abgeschlossen, senkt dies die Kosten der Vereinbarung.

4.8 Forward Rate Agreement

Tz. 182

Durch ein Forward Rate Agreement kann der Zinssatz für ein in der Zukunft liegendes Geschäft fixiert werden. Hierdurch kann sich der Käufer gegen steigende Zinsen absichern, hat aber auch das Risiko, nicht von fallenden Zinsen profitieren zu können.

Sicherung des Zinssatzes

4.9 Financial Futures

Tz. 183

Financial Futures sind Terminkontrakte auf Aktien, Anleihen oder Devisen. Der Erwerber eines Financial Futures verpflichtet sich das entsprechende Finanzinstrument zu dem fixierten Preis und der vereinbarten Menge bei Fälligkeit zu kaufen oder zu verkaufen.

Terminkontakte

5. Wirkung der eingesetzten Risikoinstrumente

Tz. 184

Nachdem das Risiko analysiert, bewertet und ggf. über eines der vorgestellten Steuerungssysteme minimiert wurde, ist eine Risikokontrolle erforderlich. Hier erfolgt eine Neubewertung aller Risiken zur Überprüfung der Wirksamkeit der einzelnen Maßnahmen.

1.) Was versteht man im Rahmen des Risikomanagements unter dem Konzentrationsrisiko?

Dieses Risiko resultiert aus einer geringen Streuung der Forderungen, beispielsweise wenn das Unternehmen von einem Großkunden abhängig ist (Tz. 169).

2.) Was versteht man unter Hedging?

Im Rahmen des Hedging wird ein auf eine fremde Währung lautendes Grundgeschäft (z. B. Warenlieferung) durch ein Kurssicherungsgeschäft abgesichert. Hierdurch wird das Risiko auf den Sicherungsgeber verlagert (Tz. 175).

3.) Was versteht man unter einem Zinscap?

Der Zinscap ist ein Zinsderivat, bei dem neben einer variablen Verzinsung eine Zinsobergrenze festgelegt ist (Tz. 180).

4.) Was ist ein Collar?

Ein Collar ist die vertragliche Fixierung einer Ober- und Untergrenze (Cap und Floor) für den Preis eines Geschäfts (Tz. 181).

VI. Kredit- und Kreditsicherungsmöglichkeiten

1. Kreditfähigkeit und -würdigkeit von Marktteilnehmern

1.1 Kreditfähigkeit

1.1.1 Persönliche Kreditfähigkeit

Tz. 185

Als Kreditfähigkeit wird die rechtliche Fähigkeit bezeichnet, Kredite abzuschließen. Wesentlicher Bestandteil der Beurteilung der Kreditfähigkeit ist die Prüfung, ob der potenzielle Kreditnehmer geschäftsfähig ist. Dies bedeutet, dass natürliche Personen unmittelbar kreditfähig sind, wenn sie nach dem BGB unbeschränkt geschäftsfähig sind, nicht unter Betreuung stehen und kein Eigentumsvorbehalt in finanziellen Angelegenheiten angeordnet ist. Natürliche Personen, die das siebte aber nicht das 18. Lebensjahr vollendet haben, sind beschränkt geschäftsfähig. Sie können Kredite nur mit Zustimmung des gesetzlichen Vertreters (Eltern) aufnehmen.

Neben den natürlichen Personen sind juristische Personen des privaten und des öffentlichen Rechts sowie Personengesellschaften kreditfähig. Nicht rechtsfähige Personenvereinigungen wie BGB-Gesellschaften und Erbengemeinschaften können nur gesamtschuldnerisch einen Kredit aufnehmen.

1.1.2 Sachliche Kreditfähigkeit/Kreditwürdigkeit von natürlichen Personen

Tz. 186

Nach § 18 des Gesetzes über das Kreditwesen (KWG) sind Kreditinstitute verpflichtet, sich bei Krediten von insgesamt mehr als 750.000 € die wirtschaftlichen Verhältnisse des potenziellen Kreditnehmers offenlegen zu lassen. Ungeachtet dieser Verpflichtung wird die sachliche Kreditfähigkeit jedoch meist bei allen Kreditvergaben geprüft. Die Prüfung umfasst u. a. folgende Bereiche:

- **Zahlungsmoral** (z. B. SCHUFA-Auskunft);
- **Vermögensverhältnisse** (Vermögens- und Schuldenaufstellung durch den Kreditnehmer);
- **Einkommensverhältnisse** (Vorlage von Einkommensteuererklärungen und -bescheiden);
- **Aufstellung der laufenden Belastungen** (durch Lebenshaltung, Miete, andere Kredit- oder Leasingverträge, ...);
- **Persönliche Verhältnisse** (Alter, Güterstand, Kinder, Wohnort, berufliche Qualifikation, ...);
- **Berufliche Verhältnisse** (Lohnnachweis, Sicherheit des Arbeitsplatzes).

Tz. 187

Die erfassten Merkmale werden von dem Kreditgeber durch eine Punktbewertung, dem sog. Kreditscoring, standardisiert. Je höher der sich ergebende Wert, desto größer ist die Kreditwürdigkeit. Dies hat, sofern überhaupt eine Kreditvergabe erfolgt, Einfluss auf die zu erbringenden Sicherheiten und die Zins- und Tilgungsmodalitäten. Vorteile des Kreditscorings sind u. a., dass es sich hierbei um ein zeit- und kostengünstiges Verfahren handelt, dass eine rasche Kreditentscheidung ermöglicht. Von Verbraucherschützern wird jedoch häufig kritisiert, dass eine Weitergabe bzw. ein Handel mit den Daten möglich ist und dass Abfragen ohne Kundeneinverständnis erfolgen könnten.

1.2 Kreditwürdigkeit von Unternehmen

1.2.1 Bonitätsprüfung/Baseler Akkord

Tz. 188

Wird die Bonität, also die Kreditwürdigkeit, eines Unternehmens geprüft, kommen grundsätzlich die oben geschilderten Prüfkriterien zur Anwendung. Dies bedeutet, dass vor allem die

Kreditwürdigkeit des Betriebsinhabers geprüft wird.[43] Daneben wird die wirtschaftliche Kreditwürdigkeit des Unternehmens ermittelt. Hierzu werden anhand der Jahresabschlüsse die finanziellen Verhältnisse und die Vermögensverhältnisse sowie die Unternehmensorganisation und der Geschäftsplan näher betrachtet. Oftmals wird auch eine Betriebsbesichtigung durch den Kreditgeber durchgeführt, um sich so einen persönlichen Eindruck über den Antragsteller zu verschaffen.

1.2.1.1 Baseler Akkord I

Tz. 189

Basel I   Kreditinstitute greifen bei der Kreditvergabe in der Regel auf die Empfehlungen des sog. Baseler Ausschusses zurück. Dieser wurde 1974 von den Zentralbanken und den Bankaufsichtsbehörden der G10-Staaten[44] gegründet und tritt im Dreimonatsrhythmus bei der Bank für internationalen Zahlungsausgleich in Basel zusammen. Der Baseler Ausschuss definiert einheitliche und relativ hohe Standards zur Bankenaufsicht, die als Akkord bezeichnet werden. Die ausgearbeiteten Richtlinien und Empfehlungen sind für die einzelnen Mitgliedstaaten rechtlich nicht bindend. Bisher erfolgte jedoch stets eine Umsetzung in nationales Recht. So wurde der 1988 vorgelegte Baseler Akkord I, meist Basel I genannt, in das KWG eingearbeitet. Anlass für Basel I war, dass das Eigenkapital zahlreicher Banken auf ein relativ niedriges Niveau gefallen war, da die Banken ihre Geschäfte zunehmend ohne eine angemessene Eigenkapitalunterlegung ausbauten. Durch eine Häufung von Insolvenzen von Kreditnehmern sank das Eigenkapital weiter ab. Basel I gibt vor, dass Banken Risikoaktiva grundsätzlich mit mindestens 8 % Eigenkapital unterlegen müssen. Hierdurch wird die Kreditvergabemöglichkeit eines Kreditinstitutes auf das 12,5-fache des haftenden Eigenkapitals begrenzt. Zur Risikoaktiva zählen Kredite an Unternehmen und Privatkunden. Hypotheken werden zu 50 % und Kredite an andere Banken zu 20 % berücksichtigt. Kredite an Staaten werden überhaupt nicht zur Risikoaktiva gezählt.

1.2.1.2 Baseler Akkord II/III

Tz. 190

Basel II   Da die Regelungen einigen Mitgliedstaaten zu undifferenziert waren, wurde im Baseler Ausschuss bereits ab 1999 an einer Neufassung des Baseler Akkords I gearbeitet. Ergebnis dieser Arbeiten ist der Baseler Akkord II (Basel II), der zum 1.1.2007 in den Mitgliedstaaten der Europäischen Union für alle Kreditinstitute verpflichtend eingeführt wurde. In Deutschland geschah dies wiederum durch eine Anpassung des KWG. Die USA haben die Regelungen bisher nicht umgesetzt, was die Bankenkrise in 2008 enorm verstärkt hat.

Basel III   Am 12.9.2010 einigten sich die Präsidenten der Notenbanken und Aufsichtsämter auf strengere Eigenkapitalvorschriften für Kreditinstitute. Am 16.12.2010 wurde der ausformulierte Regeltext veröffentlicht. Diese als Basel III bezeichneten Vorschriften treten ab 2013, teilweise erst ab 2019, in Kraft.

Bereits Basel II hielt die Banken an, Ausfallrisiken ihrer Engagements mit Eigenkapital abzudecken. Aufgrund der durch die Finanzmarktkrise gewonnenen Erfahrungen sollen die Banken ihr sog. Kernkapital deutlich erhöhen. Die Kernkapitalquote beschreibt das Verhältnis des Eigenkapitals einer Bank zu ihren risikobehafteten Geschäften, also zu den vergebenen Krediten und den getätigten Geldanlagen. Das Kernkapital soll in Finanzkrisen die Verluste abfangen, die es eventuell durch Kreditausfälle und Wertverluste bei Anlagen gibt. Basel III schreibt künftig eine harte Kernkapitalquote von 7 % (hartes Kernkapital der Mindesteigenkapitalanforderungen 4,5 % plus hartes Kernkapital des Kapitalerhaltungspuffers von 2,5 %) vor. Hinzu kommt weiter weiches Kernkapital i. H. von 1,5 % und Ergänzungskapital i. H. von 2 %, sodass sich im Ergebnis die Eigenkapitalanforderungen auf 10,5 % addieren.

---

43 Bei Unternehmen, deren Anteile (ausschließlich) im Streubesitz gehalten werden, entfällt die Prüfung der Kreditwürdigkeit des Betriebsinhabers.
44 Die G10 ist eine Gruppe der ursprünglich zehn bzw. mittlerweile elf führenden Industrienationen. Diese sind Belgien, Deutschland, Frankreich, Großbritannien, Italien, Japan, Kanada, Niederlande, Schweden, Schweiz und USA.

Tz. 191

Basel II ist ein Drei-Säulen-Modell:

▶ **1. Säule: Mindesteigenkapitalanforderungen**

Beim Baseler Akkord I ist das Problem, dass risikoarme Anlagepositionen mit ebenso viel Eigenkapital zu unterlegen sind, wie risikoreiche Positionen. Diese undifferenzierte Behandlung kann Kreditinstitute dazu verleiten, risikoreiche Anlagen überzugewichten. Der Eigenkapitalbedarf entspricht dem risikoärmerer Anlagen, die Rendite ist jedoch größer. Durch die erste Säule des Baseler Akkords II sollen die Risiken bei der Bemessung des Eigenkapitalbedarfs berücksichtigt werden. Konkret werden hier folgende Risiken einbezogen:

– Kreditausfallrisiken

Das jeweilige Kreditausfallrisiko wird durch ein externes bzw. internes Rating (Firmenkunden) bzw. Scoring (Privatkunden) ermittelt und bei der Kreditvergabe in Form von Risikoprämien berücksichtigt. Dies bedeutet, dass für risikoärmere Anlagen eine geringere Eigenkapitalunterlegung nötig ist und somit auch weniger Rendite erwirtschaftet werden muss, was sich auf das Zinsniveau auswirkt.

– Marktpreisrisiken

Bei der Anlage sind nach Basel II auch Marktpreisrisiken zu berücksichtigen. Hierzu zählen Wechselkursschwankungen, Zinsänderungen und Veränderungen des allgemeinen Marktumfelds.

– Operationelle Risiken

Darüber hinaus werden operationelle Risiken berücksichtigt. Hierunter versteht man betriebliche Risiken, wie sie Unterschlagungen, Betrug, Raubüberfälle, Transaktionsfehler, Terroranschläge oder Naturkatastrophen darstellen. In der Praxis ist es sehr schwierig, die operationellen Risiken mit vertretbarem Aufwand auch nur annähernd korrekt abzubilden.

▶ **2. Säule: Bankaufsichtlicher Überwachungsprozess**

Die zweite Säule deckt sowohl die externe als auch die interne Überwachung des Kreditinstituts ab. Die externe Bankenaufsicht wird in Deutschland durch das BaFin[45] (unterstützt durch die Deutsche Bundesbank) wahrgenommen.

Die interne Überwachung wird durch ein bankeigenes Risikomanagementsystem ausgeübt. Dieses soll proportional zu den eingegangenen Risiken der Bank ausgestattet sein. Je größer also das Anlagerisiko, desto ausgeprägter muss auch der bankinterne Überwachungsprozess sein.

▶ **3. Säule: Erweiterte Offenlegung**

Außerdem wurden durch Basel II die Offenlegungsanforderungen für Kreditinstitute erhöht. So sind in den §§ 340 bis 341 p HGB zahlreiche Sonderregelungen zu Ansatz und Bewertung aber auch zu Gliederung und Ausführlichkeit des Anhangs zu finden. Durch diese erhöhten Rechnungslegungsvorschriften für Kreditinstitute soll die Transparenz und damit die Aussagekraft des Jahresabschlusses erhöht werden. Hierdurch erhofft sich der Baseler Ausschuss eine Selbstdisziplinierung der Kreditinstitute.

1.2.2 Bonitätsklassenermittlung

Tz. 192

Im Rahmen des Ratings wird die Zahlungsfähigkeit des Kreditnehmers durch eine Bonitätsklasse ausgedrückt. Dies wird zum Teil durch die Kreditinstitute selbst, zum Teil durch Ratingagenturen[46] durchgeführt. Als Bonitätsklassen, die zur Diversifikation noch mit Plus- und Minuszeichen ergänzt werden können, gelten:

---

[45] Bundesanstalt für Finanzdienstleistungsaufsicht (Rechts- und Fachaufsicht durch das Bundesministerium der Finanzen).
[46] Die bekanntesten Ratingagenturen sind Moody's, Standard & Poor's und Fitch.

Bonitätsklasse	Internationale Bezeichnung	Beschreibung
AAA	Prime	Außergewöhnlich gute Fähigkeit des Schuldners, seinen Verpflichtungen nachzukommen
AA	High grade	Sehr gute Fähigkeit des Schuldners, seine finanziellen Verpflichtungen zu erfüllen
A	Upper medium grade	Gute Fähigkeit des Schuldners, seine finanziellen Verpflichtungen zu erfüllen
BBB	Lower medium grade	Verminderte Fähigkeit des Schuldners, bei Eintritt stark nachteiliger wirtschaftlicher Entwicklungen seinen finanziellen Verpflichtungen nachzukommen
BB	Non investment grade (speculative)	Verminderte Fähigkeit des Schuldners, bei Eintritt nachteiliger wirtschaftlicher Entwicklungen seinen finanziellen Verpflichtungen nachzukommen
B	Highly speculative	Hohe Wahrscheinlichkeit des Zahlungsverzugs bei Eintritt nachteiliger wirtschaftlicher Entwicklungen
CCC	Substential risks	Aktuelle Anfälligkeit für Zahlungsverzug
CC	Extremly speculative	Aktuelle hohe Anfälligkeit für Zahlungsverzug
C	In default with little prospect of discovery	Insolvenzantrag wurde gestellt, Schulden werden dennoch bedient
D	In default	Schuldner ist bereits in Zahlungsverzug

Die Güte der Einteilung in die einzelnen Bonitätsklassen durch Ratingagenturen und Kreditinstitute wird vor allem seit Ausbrechen der Finanzmarktkrise im Sommer 2007 stark angezweifelt.

2. Abwicklung von Kreditgeschäften

Tz. 193

Eigenkapitalunterlegung

Je höher das Risiko des Ausfalls einer Forderung ist, desto höher sollte die Eigenkapitalunterlegung sein. So wird oftmals bei einer Bonitätsklasse von AAA nur eine Eigenkapitalunterlegung von maximal 2 %, bei einer Bonitätsklasse von B bereits eine Eigenkapitalunterlegung von mindestens 12 % gefordert. Da Eigenkapital für Kreditinstitute meist teurer ist als Fremdkapital, wirkt sich die Bonitätsklasse unmittelbar auf die Kreditkonditionen aus. Des Weiteren wird natürlich auch das Kapitalrisiko, das durch die Möglichkeit des Ausfalls entsteht, und das Zinsrisiko, das durch Änderungen des Marktzinsniveaus nach der Kreditgewährung besteht, bei der Ausgestaltung der Kreditkonditionen berücksichtigt. Folglich will der Kreditgeber das eingegangene Risiko soweit möglich beschränken, aber auch honoriert haben.

2.1 Beschränkung des Kreditrisikos

Tz. 194

Die Beschränkung des Kreditrisikos kann auf folgende Arten erfolgen:

▶ Risikoteilung

Das erforderliche Kapital wird von mehreren Geldgebern gemeinsam, z. B. von einem Bankenkonsortium, bereitgestellt. So sinkt das Risiko des einzelnen Gläubigers bei einem etwaigen Forderungsausfall.

▶ Risikostreuung

Der Kapitalgeber verteilt seine Anlagen nach folgenden Kriterien:

- sachlich: in verschiedene Branchen
- zeitlich: mit unterschiedlichen Fälligkeiten
- örtlich: in unterschiedliche Regionen
- persönlich: auf unterschiedliche Schuldner
- qualitativ: auf unterschiedliche Bonitätsklassen

▶ **Risikokompensation**

Ein eventueller Ausfall wird soweit möglich kompensiert. Dies kann durch die Vereinbarung von Gegengeschäften oder Realsicherheiten (siehe unten Tz. 205) geschehen.

▶ **Risikoüberwälzung**

Das Risiko wird (teilweise) auf Dritte verlagert. Hierzu kann eine Ausfallversicherung oder ein Bürgschaftsvertrag (siehe unten Tz. 198) abgeschlossen werden.

2.2 Honorierung des Kreditrisikos

Tz. 195

Die Fremdkapitalgeber lassen sich das Kreditrisiko honorieren. Dies kann durch folgende Instrumente geschehen:

▶ **Höhe der Zinsen**

Die Höhe der Zinsen orientiert sich neben dem üblichen Marktzinsniveau auch an der Höhe des Risikos, die u. a. durch die Bonitätsklasse definiert ist. Dies bedeutet, dass Fremdkapitalgeber bei risikoreicheren Investments in den Zinssatz einen entsprechenden Risikozuschlag einrechnen.

▶ **Aktive Einflussnahme**

Bei größeren Investments ist es durchaus üblich, dass sich Kreditgeber eine aktive Einflussnahme auf die Geschäftspolitik des Schuldners vorbehalten. Dies erfordert neben einer permanenten Information des Gläubigers über wesentliche Entwicklungen ein gewisses Maß an Kontrolle und Mitsprache hinsichtlich wichtiger geschäftspolitischer Entscheidungen.

2.3 Sicherung des Kreditrisikos

Tz. 196

Da ein Kreditgeber eine größtmögliche Begrenzung des Kreditrisikos anstrebt, wird er vom Kreditnehmer Sicherheiten fordern. Jene können sowohl akzessorischen oder fiduziarischen Charakter haben. Als akzessorisch[47] bezeichnet man eine Sicherheit, die an das Bestehen einer Forderung gebunden ist. Dies ist sowohl bei Bürgschaften als auch bei Pfandrechten der Fall. Als fiduziarische[48] Sicherheiten werden Sicherheiten bezeichnet, die nicht an das Bestehen einer Forderung gebunden sind. Beispiele hierfür sind Grundschulden und Sicherungsübereignungen.

akzessorische u. fiduziarische Sicherheiten

Tz. 197

Verzichtet der Kreditgeber auf Sicherheiten spricht man von einem Blankodarlehen. Dieses wird, abgesehen von Kleinkrediten, nur bei einer ausgezeichneten Bonität des Schuldners gewährt.

Blankodarlehen

Wird nur ein Teil der Forderung abgesichert, wird der nicht abgesicherte Teil als Blankoanteil des Darlehens bezeichnet.

---

47 Lat. von accessorius = abhängig, gebunden.
48 Lat. von fiduciarius = treuhänderisch.

3. Kreditsicherheiten

3.1 Personalsicherheiten

Tz. 198

Bei einer Personalsicherheit haftet eine natürliche oder juristische Person für die Verbindlichkeiten eines Dritten. Die bekannteste Form der Personalsicherheit ist die Bürgschaft.

3.1.1 Bürgschaft

3.1.1.1 Grundlagen

Tz. 199

Bürgschaft — Im Rahmen eines Bürgschaftsvertrags verpflichtet sich der Bürge gegenüber dem Gläubiger eines Dritten, für die Erfüllung der Verbindlichkeit des Dritten einzustehen (vgl. § 765 Abs. 1 BGB). Ein Bürgschaftsvertrag erfordert die Schriftform (§ 766 Satz 1 BGB). Die Erteilung der Bürgschaftserklärung in elektronischer Form (vgl. § 126a BGB) ist ausgeschlossen (§ 766 Satz 2 BGB). Eine Bürgschaft ist akzessorisch. Dies bedeutet, dass für die Höhe der Verpflichtung des Bürgen der jeweilige Bestand der Hauptverbindlichkeit maßgebend ist (§ 767 Abs. 1 BGB).

Bürgschaftserklärung — Fordert der Kreditgeber, dass ein Bürge genannt wird, erfolgt die Darlehensauszahlung i. d. R. nicht vor Vorliegen einer entsprechenden Bürgschaftserklärung. Bei Fälligkeit der Schuld hat sich der Gläubiger zuerst an den Schuldner zu wenden. Kommt dieser seinen Verpflichtungen nicht nach, muss die Zwangsvollstreckung versucht werden (§ 772 Abs. 1 BGB). Der Bürge kann die Befriedigung des Gläubigers verweigern, solange nicht der Gläubiger eine Zwangsvollstreckung gegen den Hauptschuldner ohne Erfolg versucht hat (§ 771 Satz 1 BGB). Dieses Prinzip bezeichnet man als Einrede der Vorausklage. Der Bürge haftet somit ausschließlich für den durch den Gläubiger nachgewiesenen Ausfall (sog. Ausfallbürgschaft).

selbstschuldnerische Bürgschaft — Bei einer selbstschuldnerischen Bürgschaft, die in der Praxis der Regelfall ist, verzichtet der Bürge auf das Recht auf Einrede der Vorausklage (§ 773 Abs. 1 Nr. 1 BGB). Das bedeutet, dass der Sicherungsnehmer auf den Bürgen zugreifen kann, ohne zunächst die Zwangsvollstreckung gegen den Hauptschuldner versuchen zu müssen. Der Bürge haftet somit wie der Hauptschuldner.

Leistet der Schuldner auf seine Verbindlichkeit, so erlischt die gegen ihn gerichtete Forderung und damit auch die Bürgenhaftung. Leistet jedoch der Bürge an den Gläubiger, so geht die Hauptforderung nicht unter, sondern auf den Bürgen über (§ 774 Abs. 1 BGB). Dies bedeutet, dass nun der Bürge gegen den Schuldner einen unmittelbaren Anspruch hat.

3.1.1.2 Sonderformen der Bürgschaft

Tz. 200

▶ **Mitbürgschaft**

Es ist auch möglich, dass sich mehrere für die Schuld des Hauptschuldners verbürgen. Die Mitbürgen haften dann als Gesamtschuldner (§ 769 BGB). Dies bedeutet, dass jeder auf einen Teilbetrag oder auf die ganze Schuld in Anspruch genommen werden kann.

▶ **Teilbürgschaft**

Eine Mitbürgschaft ist häufig als Teilbürgschaft ausgestaltet. Hier bürgen zwar auch verschiedene Personen für dieselbe Verbindlichkeit, jeder bürgt jedoch nur für den von ihm übernommenen Teilbetrag.

▶ **Modifizierte Ausfallbürgschaft**

Bei der modifizierten Ausfallbürgschaft wird vertraglich geregelt, wann der Ausfall als eingetreten gilt. So kann beispielsweise vereinbart werden, dass der Gläubiger erst die vereinbarten Sicherheiten zu verwerten hat, bevor der Bürge in Anspruch genommen wird.

▶ Nachbürge

Der Nachbürge haftet gegenüber dem Gläubiger dafür, dass der Hauptbürge seiner Verpflichtung nachkommt. Es besteht eine Akzessorietät der Nachbürgschaft zur Hauptbürgschaft. Dies bedeutet, dass die Höhe der Nachbürgschaft von der Höhe der Hauptbürgschaft abhängig ist.

▶ Rückbürgschaft

Der Rückbürge haftet gegenüber dem Bürgen für dessen Rückgriffsforderung gegen den Hauptschuldner oder dem Nachbürgen für dessen Rückgriffsanspruch gegen den Vorbürgen.

▶ Höchstbetragsbürgschaft

Eine Bürgschaft kann als Höchstbetragsbürgschaft ausgestaltet sein. Insoweit wird eine betragsmäßige Grenze festgelegt, bis zu welcher der Bürge maximal haften will.

▶ Bürgschaft auf erstes Anfordern

Eine besonders harte Haftung löst die Bürgschaft auf erstes Anfordern aus. Hier kann der Bürge zunächst keine Einwendungen oder Einreden gegen die Hauptschuld geltend machen, sondern ist zur Zahlung auf Anforderung verpflichtet. Der Bürge kann dann ggf. durch einen Rückforderungsprozess versuchen, den gezahlten Betrag zurückzuerhalten.

▶ Zeitbürgschaft

Hat sich der Bürge für eine bestehende Verbindlichkeit auf bestimmte Zeit verbürgt, so wird er nach dem Ablauf der bestimmten Zeit frei, wenn nicht der Gläubiger unverzüglich bestimmte rechtserhaltende Maßnahmen trifft (§ 777 Abs. 1 Satz 1 BGB).

3.1.2 Garantie

Tz. 201

Hinsichtlich der Garantie gibt es keinerlei gesetzliche Bestimmungen. Es handelt sich hierbei um einen Schuldvertrag, in dem sich der Garantiegeber gegenüber dem Garantienehmer verpflichtet, für den Eintritt eines bestimmten Erfolges bzw. für das Ausbleiben eines Misserfolges zu garantieren. Eine Garantie ist anders als eine Bürgschaft nicht akzessorisch. D. h., dass sie losgelöst bzw. unabhängig von einer bestimmten Schuld weiter bestehen kann. Die häufigsten Arten von Garantien sind:

Garantie

▶ Anzahlungsgarantie

Die Anzahlungsgarantie sichert vor allem bei Großaufträgen die durch den Auftragnehmer verlangte Anzahlung vom Auftraggeber ab. Nach der Leistung des Auftragnehmers erlischt die Anzahlungsgarantie.

▶ Bietungsgarantie

Die Bietungsgarantie findet in erster Linie Anwendung bei der Vergabe von Ausschreibungen. Sie wird deshalb auch Ausschreibungsgarantie genannt. Bei einem Ausschreibungsverfahren verlangt der Auftraggeber von den Teilnehmern oftmals die Abgabe einer Bietungsgarantie. Sie dient zur Abdeckung einer Vertragsstrafe bei Zurückziehung oder Änderung des Angebots während der Ausschreibungsphase bzw. der Nichtannahme nach Zuschlagserteilung.

▶ Vertragserfüllungsgarantie

Die Vertragserfüllungsgarantie schließt sich oftmals an die Bietungsgarantie an und sichert dem Auftraggeber zu, dass der Auftrag vollständig erfüllt wird.

▶ Gewährleistungsgarantie

Die Gewährleistungsgarantie sichert den Begünstigten gegen finanzielle Nachteile für den Fall ab, dass der Auftragnehmer seinen vertraglich vereinbarten Gewährleistungspflichten nicht nachkommt. Sie beträgt meist bis zu 10 % des Vertragswerts.

3.1.3 Kreditauftrag

Tz. 202

Kreditauftrag — Im Rahmen eines Kreditauftrags wird ein potenzieller Kreditgeber, beispielsweise eine Bank, von einer Person beauftragt, einer dritten Person einen Kredit zu gewähren. Dies geschieht im eigenen Namen und auf eigene Rechnung (§ 778 BGB). Aufgrund eines Kreditauftrags hat der Kreditgeber zwei Ansprüche. Zum einen hat er gegenüber dem Kreditnehmer den Anspruch auf Rückzahlung des Kredits. Zum anderen besteht ein Anspruch gegenüber dem Auftraggeber des Kreditauftrags. Letzterer ist mit einer Bürgschaft vergleichbar. In der Praxis kommen Kreditaufträge oftmals in einem Konzernkreis vor.

Mutterunternehmen M beauftragt das Kreditinstitut K, dem Tochterunternehmen T auf eigenen Namen und auf eigene Rechnung einen Kredit auszureichen.

Kann T nun den Kredit nicht zurückzahlen, ist M als Kreditauftraggeberin verpflichtet, die Ansprüche des K zu befriedigen.

3.1.4 Patronatserklärung

Tz. 203

Patronatserklärung — Durch eine Patronatserklärung ist beispielsweise ein Mutterunternehmen verpflichtet, dafür zu sorgen, dass eine kreditnehmende Tochtergesellschaft ihren Kreditverpflichtungen nachkommt. Inhalt und Umfang der Patronatserklärung sind nicht gesetzlich geregelt. Sie werden dem jeweiligen Einzelfall individuell angepasst. Eine Patronatserklärung kann nur die Auskunftserteilungsverpflichtung hinsichtlich der Verhältnisse des Kreditnehmers umfassen. Sie kann aber auch eine Verlustübernahmeverpflichtung abdecken.

3.1.5 Schuldbeitritt

Tz. 204

Schuldbeitritt — Der Schuldbeitritt ist ebenfalls nicht normativ geregelt. Wird er vereinbart, tritt dem Kreditvertrag eine dritte Person, der sog. Schuldübernehmer bei und übernimmt gesamtschuldnerisch die Haftung für einen Kreditbetrag.

3.2 Realsicherheiten

3.2.1 Eigentumsvorbehalt

Tz. 205

Eigentumsvorbehalt — Rechtsgrundlage des Eigentumsvorbehalts ist § 449 BGB. Hiernach wird der Käufer durch Übergabe zum Besitzer einer beweglichen Sache. Bis zur vollständigen Bezahlung des Kaufpreises bleibt die Sache aber im Eigentum des Verkäufers (§ 449 Abs. 1 BGB). Je nach Umfang des Eigentumsvorbehalts wird unterschieden:

▶ **Einfacher Eigentumsvorbehalt**

Der einfache Eigentumsvorbehalt ergibt sich aus § 449 BGB. Gemäß § 449 Abs. 2 BGB kann der Verkäufer die Sache herausverlangen, wenn er bei Zahlungsverzug vom Vertrag zurückgetreten ist (vgl. §§ 280, 286 BGB). Der einfache Eigentumsvorbehalt läuft jedoch ins Leere, wenn der Käufer die Sache weiterverarbeitet (§ 950 BGB), mit einer anderen Sache verbindet (§ 947 Abs. 2 BGB), die Sache wesentlicher Bestandteil eines Grundstücks wird (§§ 94, 946 BGB) oder die Sache an einen Dritten veräußert wird, sofern dieser gutgläubig war (§§ 932 ff., 366 BGB).

▶ **Erweiterter Eigentumsvorbehalt**

Man spricht von einem erweiterten Eigentumsvorbehalt, wenn das Eigentum an dem gelieferten Gegenstand erst dann auf den Schuldner übergehen soll, wenn dieser alle bestehenden Verbindlichkeiten an den Verkäufer beglichen hat (sog. Kontokorrentvorbehalt). Nicht mehr zulässig ist gemäß § 449 Abs. 3 BGB der Konzernvorbehalt. Hier wurde der Kontokorrentvorbehalt auf alle Forderungen gegenüber den diversen Unternehmen eines Konzerns ausgeweitet.

▶ **Verlängerter Eigentumsvorbehalt**

Hier vereinbaren die Vertragsparteien einen Eigentumsvorbehalt, bei dem der Käufer ermächtigt wird, die Waren im ordnungsgemäßen Geschäftsgang weiterzuveräußern und dem Zweitkäufer das Eigentum zu übertragen (§ 185 BGB). Meistens werden dem Erstverkäufer vom Erstkäufer diejenigen Forderungen im Voraus abgetreten, die der Erstkäufer durch die Weiterveräußerung der unter Eigentumsvorbehalt stehenden Sachen erwerben wird (§ 398 BGB). Der Zweitkäufer wird i. d. R. von der Abtretung nicht in Kenntnis gesetzt.

3.2.2 Pfandrecht an beweglichen Sachen und Rechten

Tz. 206

Das Pfandrecht ist das Recht eines Gläubigers, sich zur Sicherung einer oder mehrerer Forderungen aus der Verwertung einer beweglichen Sache (§ 1204 Abs. 1 BGB) oder eines Rechts (§ 1273 Abs. 1 BGB) zu befriedigen. Das Entstehen eines Pfandrechts hängt von mehreren Voraussetzungen ab:

Pfandrecht

▶ Es muss eine Forderung vorliegen, auf die sich das Pfandrecht bezieht. Dies bedeutet, wenn die Forderung erlischt, erlischt auch das Pfandrecht. Es handelt sich bei einem Pfandrecht also um eine akzessorische Sicherheit.
▶ Die Vertragsparteien müssen sich darauf einigen, dass dem Gläubiger das Pfandrecht zusteht (§ 1205 Abs. 1 BGB).
▶ Letztendlich muss der Schuldner das Pfand an den Gläubiger herausgeben (§ 1205 Abs. 1 BGB). Der Gläubiger wird jedoch nur Besitzer des Pfandes, Eigentümer bleibt der Schuldner. Anstelle der Übergabe kann jedoch auch der Mitbesitz an der Sache eingeräumt werden (§ 1206 BGB).

Nach Erhalt des Pfandguts ist der Pfandgläubiger zur Verwahrung des Pfands verpflichtet (§ 1215 BGB). Die Verwertung des Pfands erfolgt durch öffentliche Versteigerung (§ 1235 Abs. 1 BGB) oder freihändigen Verkauf (§ 1221 BGB). Die Verwertung ist erst zulässig, nachdem sie dem Verpfänder angedroht wurde (§§ 1220 Abs. 1, 1234 Abs. 1 BGB). Hierbei ist eine einmonatige Wartefrist zu beachten (§ 1234 Abs. 2 BGB).

Der Pfandgläubiger ist selbstverständlich erst zum Verkauf berechtigt, wenn die Forderung ganz oder zum Teil fällig ist (§ 1228 Abs. 2 BGB).

3.2.3 Sicherungsübereignung

Tz. 207

Bei einer Sicherungsübereignung überträgt der Kreditnehmer (Sicherungsgeber) das Eigentum einer beweglichen Sache an den Kreditgeber (Sicherungsnehmer). Der Vorteil der Sicherungsübereignung ist, dass der betroffene Gegenstand in unmittelbarem Besitz des Sicherungsgebers bleibt – er kann ihn also weiter nutzen. Dies ist durch die Einigung über den Eigentumsübergang (§ 929 Satz 1 BGB) und die Vereinbarung eines Besitzkonstituts möglich (§ 930 BGB).

Sicherungsübereignung

Der Sicherungsnehmer wird treuhändischer Eigentümer an der Sache, der diese nur bei einem Verstoß gegen den Sicherungsvertrag – meist die Nichtrückzahlung der Schuld – verwerten oder selbst als Eigentümer nutzen darf. Solange der Sicherungsgeber seinen Leistungen nachkommt, wird der sicherungsübereignete Gegenstand bei diesem bilanziert – obwohl er nicht rechtlicher Eigentümer ist. Ausreichend ist das Vorliegen des sog. wirtschaftlichen Eigentums (vgl. § 246 Abs. 1 Satz 2 HGB sowie § 39 Abs. 2 Nr. 1 AO).

Bilanzierung

Der Sicherungsnehmer hat bei einer Sicherungsübereignung folgende Risiken zu tragen:

Risiken des Sicherungsnehmers

▶ Der Gegenstand steht unter Eigentumsvorbehalt.
▶ Der Gegenstand wurde bereits einem anderen Gläubiger übereignet.
▶ Der Gegenstand unterliegt einer Wertminderung durch technischen oder wirtschaftlichen Verschleiß.
▶ Der Gegenstand geht plötzlich unter (z. B. Totalschaden).
▶ Der Gegenstand wird vom Sicherungsnehmer verkauft.

Die Sicherungsübereignung tritt grundsätzlich in drei verschiedenen Arten auf:

▶ **Einzelübereignung**

Ein einzelner, beispielsweise anhand einer Seriennummer konkret bezeichneter Gegenstand wird übereignet.

▶ **Raumübereignung**

Ein oder mehrere Gegenstände, die sich in einem bestimmten Raum (z. B. Büroräume, Fabrikhalle) befinden, werden übereignet. Unterliegen einzelne Gegenstände noch dem Eigentumsvorbehalt, kann für diese die Anwartschaft auf Eigentum vereinbart werden.

▶ **Mantelübereignung**

Hier wird ein Rahmenvertrag abgeschlossen, der durch Listen über die einzelnen zu übereignenden Sachen, die der Sicherungsgeber dem Sicherungsnehmer überlässt, konkretisiert wird.

3.2.4 Sicherungsabtretung

Tz. 208

stille Zession — Die Sicherungsabtretung wird i. d. R. als stille Forderungsabtretung bzw. stille Zession durchgeführt. Still bedeutet in diesem Zusammenhang, dass dem Drittschuldner die Abtretung nicht mitgeteilt wird. Der Sicherungsgeber tritt als Zedent Forderungen mittels eines Abtretungsvertrags (vgl. §§ 398 ff. BGB) an den Sicherungsnehmer (Zessionär) ab. Sofern es sich um eine stille Zession handelt, leistet der Drittschuldner an den Zedenten, der den Betrag an den Zessionär weiterleitet.

offene Zession — Die Sicherungsabtretung kann auch in Form einer offenen Zession durchgeführt werden. Hier wird die Abtretung dem Drittschuldner angezeigt, der nun unmittelbar an den Zessionär leistet (vgl. § 407 BGB).

Die stille Zession ist seitens des Zedenten beliebter, da eine Unterrichtung des Drittschuldners diesen eventuell an der Zahlungsfähigkeit des Zedenten zweifeln lässt, zumindest aber Imageprobleme nach sich zieht. Seitens des Zessionärs ist die offene Abtretung meist gewünscht, da hier sichergestellt ist, dass die Forderung nicht bereits an einen anderen Kreditgeber abgetreten ist. Darüber hinaus ist das Risiko, dass der Kreditnehmer den Zahlungseingang nicht an den Zessionär weiterleitet, ausgeschaltet.

Einzel- und Globalzession — Die Zession kann als Einzelzession durchgeführt werden. Darüber hinaus kann auch eine Mantelzession vereinbart werden. Hier verpflichtet sich der Zedent, laufende Forderungen in einer bestimmten Gesamthöhe abzutreten. Des Weiteren gibt es auch die Globalzession. Hier werden alle Forderungen eines bestimmten Zeitraums gegenüber einem bestimmten Kunden(kreis) abgetreten.

3.2.5 Grundpfandrechte

Tz. 209

Grundpfandrechte — Als Grundpfandrechte bezeichnet man Kreditsicherheiten, die durch die Verpfändung von unbeweglichem Vermögen entstehen. Auch hier gilt: Wird die gesicherte Forderung nicht beglichen, kann der Sicherungsnehmer das Pfandgut verwerten (lassen), um seine Ansprüche zu befriedigen.

Die bekanntesten Formen von Grundpfandrechten sind die Hypothek und die Grundschuld.

3.2.5.1 Hypothek

Tz. 210

Hypothek — Die Hypothek[49] ist in den §§ 1113 bis 1190 BGB gesetzlich geregelt. Sie ist ein Grundpfandrecht, mit dem der Gläubiger eine persönliche Forderung an den Schuldner absichern soll. Eine

---

49 Griech.: Unterpfand.

Hypothek kann an Grundstücken, Erbbaurechten, Wohnungseigentum, Gebäudeeigentum oder an Schiffen[50] begründet werden. Eine Hypothek entsteht durch:

▶ **Einigung**

Der Eigentümer und der Inhaber der persönlichen Forderung einigen sich auf die Bestellung einer Hypothek (vgl. § 873 Satz 1 BGB).

▶ **Eintragung**

Die Hypothek wird in das Grundbuch eingetragen. Hierbei sind der Gläubiger, der Geldbetrag der Forderung, der Zinssatz und der Geldbetrag von etwaigen Nebenleistungen zu nennen (§ 1115 BGB).

▶ **Hypothekenbrief**

Gemäß § 1116 Abs. 1 BGB ist über die Hypothek grundsätzlich ein Hypothekenbrief zu erstellen. Die Erteilung des Briefs kann jedoch bei entsprechender Einigung von Gläubiger und Eigentümer ausgeschlossen werden (§ 1116 Abs. 2 BGB). Der Hypothekenbrief kann durch schriftliche Abtretung der gesicherten Forderung übertragen werden. Ein weiterer Grundbucheintrag ist hierbei nicht erforderlich. Man bezeichnet Hypotheken, bei denen ein gutgläubiger Erwerb durch Dritte möglich ist, als Verkehrshypothek.

▶ **Buchhypothek**

Haben der Gläubiger und der Eigentümer die Erteilung eines Hypothekenbriefs ausgeschlossen, bezeichnet man die Hypothek als Buchhypothek, da hier lediglich eine Eintragung in das Grundbuch erfolgt (§ 1116 Abs. 2 BGB). Ist eine Abtretung erwünscht, muss eine entsprechende, notariell bewilligte Umschreibung im Grundbuch erfolgen.

Die **Sicherungshypothek** ist eine Sonderform der Buchhypothek (§§ 1184, 1185 Abs. 1 BGB). Sie wird i. d. R. durch Gerichtsbeschluss eingetragen.

Eine Hypothek kann auch als **Höchstbetragshypothek** bestellt werden. Hier haftet das Grundstück nur bis zu dem Betrag, der im Grundbuch eingetragen ist (§ 1190 Abs. 1 BGB). Die Höchstbetragshypothek bietet sich insbesondere bei einem schwankenden Kreditbedarf an. Sie wird meist als Buchhypothek bestellt.

3.2.5.2 Grundschuld

Tz. 211

Die Grundschuld ist in den §§ 1191 bis 1198 BGB gesetzlich geregelt. Sie setzt, anders als die Hypothek, nicht das Bestehen einer konkreten Forderung voraus. Sie ist also nicht akzessorisch, sondern fiduziarisch. Grundschulden, die als dingliches Recht an einem Grundstück in Abteilung III des Grundbuchs eingetragen werden, sind nicht von dem Bestand einer konkreten Forderung abhängig und können somit auch übertragen werden. Hierzu wird der Sicherungsvertrag entsprechend angepasst.

Grundschuld

Ähnlich wie bei der Hypothek werden Grundschulden auch wie folgt unterschieden:

▶ **Briefgrundschuld**

Hier wird neben dem Grundbucheintrag ein Grundschuldbrief ausgestellt. Dieser kann ebenfalls abgetreten werden, sodass der im Grundbuch vermerkte Gläubiger nicht zwangsläufig mit dem tatsächlichen Gläubiger identisch sein muss. Um hieraus resultierende Beitreibungsprobleme zu vermeiden, bietet es sich an, die Abtretung notariell beglaubigen zu lassen.

▶ **Buchgrundschuld**

Hier erfolgt lediglich der Eintrag im Grundbuch. Der Ausschluss der Ausstellung eines Briefes ist im Grundbuch einzutragen (§ 1192 Abs. 1 i.V. mit § 1116 Abs. 2 BGB).

---

50 Voraussetzung ist, dass das Schiff im Schiffsregister eingetragen ist (§ 8 des Gesetzes über Rechte an eingetragenen Schiffen und Schiffsbauwerken).

Tz. 212

Eine besondere Form der Grundschuld ist die Eigentümergrundschuld. Hier wird der Name des Grundstückseigentümers in das Grundbuch eingetragen (§ 1196 Abs. 2 BGB). Dies ist nur möglich, da es sich um eine fiduziarische Grundschuld handelt. Eine Eigentümergrundschuld soll insbesondere dazu dienen, einen hohen Rangplatz für eine spätere Kreditaufnahme zu sichern.

4. Kreditsicherheiten im Außenhandel

4.1 Bankgarantie

Tz. 213

Bankgarantien — Eine Bankgarantie ist ein abstraktes Zahlungsversprechen einer Bank. Die Bank ist hierdurch verpflichtet, bei einer Inanspruchnahme aus der Bankgarantie auf erste Anforderung zu zahlen. Diese Verpflichtung besteht gegenüber dem Garantiebegünstigten unabhängig von Rechten und Pflichten des Hauptschuldners. Die Bank haftet folglich abstrakt. Dies ist dadurch begründet, dass sie am zugrunde liegenden Rechtsgeschäft zwischen Garantieauftraggeber und Garantiebegünstigten nicht beteiligt ist und somit in Interessenwiderstreit käme.

4.2 Hermes-Deckungen

Tz. 214

Hermes-Bürgschaften — Die sog. Hermes[51]-Deckungen oder Hermes-Bürgschaften sind Ausfuhrgewährleistungen des Bundes, die es Exporteuren ermöglichen, sich gegen wirtschaftliche und politische Risiken abzusichern: Bleibt die Zahlung eines ausländischen Geschäftspartners aus, greift die Hermes-Bürgschaft und der Bund übernimmt als Eventualschuldner die Zahlung.

Die Geschäftsführung bei der Gewährung und Abwicklung von Hermes-Bürgschaften hat der Bund einem privaten Mandantenkonsortium der Euler Hermes Kreditversicherungs AG und der PwC Deutsche Revision AG übertragen. Über Grundsatzfragen und die Abdeckung größerer Volumina entscheidet ein staatlich besetzter Ausschuss. Hermes-Bürgschaften werden gewährt, wenn das Exportgeschäft förderwürdig und risikomäßig vertretbar ist. Kriterien für die Förderungswürdigkeit sind u. a. die Sicherung von Arbeitsplätzen, strukturpolitische Erwägungen, ökologische, soziale oder außenpolitische Ziele.

5. Devisen und Devisengeschäfte

Tz. 215

Devisen — Devisen sind der Überbegriff von Fremdwährungen. Konkret fallen aus Sicht Deutschlands darunter:

▶ Konten im In- und Ausland, die nicht auf Euro lauten,

▶ Wertpapiere, die nicht auf Euro lauten,

▶ Bargeld, das nicht auf Euro lautet[52].

Devisen werden als frei konvertierbar bezeichnet, wenn sie ohne Beschränkung in eine andere Währung umgetauscht werden können. Man spricht dann auch von einer harten Währung. Unterliegen die Devisen etwaigen Umtauschbeschränkungen – beispielsweise einer betragsmäßigen Beschränkung – wird die Währung als weiche Währung bezeichnet. Es kommt auch vor, dass Devisen (vorübergehend) nicht konvertierbar sind, bzw. dass der Umtausch nur mit einer Einzelgenehmigung möglich ist.

Bei Devisen gibt es einen Kassa- und Terminmarkt (vgl. Tz. 22 ff.). Die Differenz zwischen Kassa- und Terminkurs wird als Swapsatz bezeichnet, der in Prozent des Kassakurses ausgedrückt wird. Ist der Terminkurs größer als der Kassakurs, spricht man von einem Report, bei umgekehrter Konstellation von einem Deport.

---

51 Hermes ist in der griechischen Mythologie u. a. der Schutzgott der Kaufleute.
52 Der Begriff für Bargeld in einer Fremdwährung ist eigentlich Sorten.

6. Kassa- und Termingeschäfte

Tz. 216

Ein Kassageschäft ist ein Vertrag über den Kauf oder Verkauf von Wertpapieren, Devisen, Waren usw. Das Kassageschäft wird sofort nach Vertragsabschluss erfüllt. „Sofort" bedeutet hier, dass die Erfüllung innerhalb von zwei Geschäftstagen vorgenommen wird.

Tz. 217

Liegen zwischen Vertragsabschluss und Erfüllung mindestens drei Geschäftstage, spricht man von einem Termingeschäft. Der zu entrichtende Preis wird hierbei jedoch bereits im Vertrag fixiert. Ein Termingeschäft spezieller Art, ein sog. bedingtes Termingeschäft, ist das Optionsgeschäft. Bei diesem wird der Käufer berechtigt, gegen Zahlung einer Optionsprämie innerhalb eines bestimmten Zeitraums oder zum Ende einer im Vorhinein definierten Laufzeit ein bestimmtes Produkt zu kaufen (Call Option) oder zu verkaufen (Put Option). Der Vertragspartner des Optionskäufers wird als Stillhalter bezeichnet.

Call & Put

7. Kreditverhandlungen

Tz. 218

Kreditverhandlungen können in folgende drei Stufen unterteilt werden:

1. Kreditanfrage
2. Bonitätsprüfung (Rating)
    a. Kapitaldienstfähigkeit
    b. Geschäftspolitik
    c. Konditionengestaltung
3. Kreditentscheidung

8. Verhandlungsergebnis und Handlungsempfehlungen der Unternehmensleitung

Tz. 219

Da das Ergebnis von Kreditverhandlungen wesentlich von der Bonitätsprüfung abhängt, sollte die Unternehmensleitung die Kriterien für die Einstufung durchgehend im Fokus haben. So können frühzeitig Verbesserungsbemühungen unternommen werden. Dies wirkt sich unmittelbar auf die Konditionen aus, zu denen ein Kredit beansprucht werden kann.

1.) Was versteht man unter dem Baseler Akkord?
Im Baseler Akkord sind die Standards zur Bankenaufsicht geregelt. Diese Standards haben lediglich den Charakter von Richtlinien und Empfehlungen, die im Regelfall in nationales Recht umgesetzt werden. Der Baseler Akkord II (Basel II) basiert auf drei Säulen: Mindesteigenkapitalanforderungen, bankaufsichtliche Überwachungsprozesse und eine erweiterte Offenlegung (Tz. 190 bis 191).

2.) Was bedeutet die Bonitätsklasse C?
Obwohl bereits ein Insolvenzantrag gestellt wurde, werden die Schulden noch bedient (Tz. 192).

3.) Wie kann das Kreditrisiko durch Risikoteilung gemindert werden?
Das benötigte Kapital wird von mehreren Geldgebern gemeinsam zur Verfügung gestellt (Tz. 194).

4.) Was versteht man unter einem Blankodarlehen?
Hier verzichtet der Kreditgeber auf Sicherheiten seitens des Kreditnehmers (Tz. 197).

5.) In welchem Gesetz finden sich die Normen zur Bürgschaft?
Im BGB (Tz. 199)

6.) Was versteht man unter einer modifizierten Ausfallbürgschaft?
Im Rahmen einer modifizierten Ausfallbürgschaft wird vertraglich geregelt, wann der Ausfall als eingetreten gilt (Tz. 200).

7.) Was ist eine Patronatserklärung?
Durch eine Patronatserklärung verpflichtet sich beispielsweise ein Mutternehmen, dass eine kreditnehmende Tochtergesellschaft ihren Verpflichtungen nachkommt (Tz. 203).

8.) In welchen Arten tritt die Sicherungsübereignung auf (drei Nennungen)?
- *Einzelübereignung*
- *Raumübereignung*
- *Mantelübereignung (Tz. 207)*

9.) Muss über eine Hypothek ein Hypothekenbrief erstellt werden?
Grundsätzlich muss dieser erstellt werden. Bei einer entsprechenden Verständigung von Gläubiger und Schuldner kann jedoch hierauf verzichtet werden (Tz. 210).

10.) Welche Kreditsicherungsmöglichkeiten gibt es im Außenhandel (zwei Nennungen)?
Neben Bankgarantien sind vor allem Hermes-Bürgschaften gebräuchlich (Tz. 213 und 214).

11.) Was kennzeichnet ein Termingeschäft?
Wenn zwischen Vertragsabschluss und Erfüllung mindestens drei Geschäftstage liegen, handelt es sich um ein Termingeschäft (Tz. 217).

VII. In- und ausländischer Zahlungsverkehr

1. EU-Zahlungsverkehrsinstrumente

1.1 Zahlungsmittel und Zahlungsformen

Tz. 220

In jedem Unternehmen ist es notwendig, den Zahlungsverkehr abzuwickeln. Der Zahlungsverkehr besteht aus Einzahlungen und Auszahlungen, die abgebildet, verwaltet und durchgeführt werden müssen. Bei den Auszahlungen ist es erforderlich, so zu planen, dass im Zahlungszeitpunkt genügend liquide Mittel vorhanden sind.

Zahlungsmittel

Die Zahlungsmittel können bestehen aus

- Bargeld,
- Buchgeld,
- Geldersatzmittel.

1.1.1 Bargeld

Tz. 221

Bei der Zahlung mit Bargeld wird tatsächliches Geld in Form von Banknoten und Münzen übergeben. Über den Erhalt des Geldes sollte eine Quittung ausgestellt werden. Diese Zahlungsart wird am häufigsten in den Handels- oder Dienstleistungsgewerben verwendet, die mit Privatpersonen als Endverbraucher zu tun haben. Nachdem das Bargeld sicher aufbewahrt und auch regelmäßig auf ein Bankkonto eingezahlt werden muss, ist hiermit ein entsprechender Aufwand verbunden. Für die Aufbewahrung muss ein sicherer Aufbewahrungsort vorhanden sein, für die Übertragung des Barvermögens auf ein Bankkonto entsteht aufgrund der notwendigen Transportsicherheit ein hoher Aufwand. Dieser beträgt laut einer Untersuchung des EHI Retail Instituts zwischen 0,08 und 0,2 % des Umsatzes.[53] Zudem sind die Vorschriften des Geldwäschegesetzes zu beachten. Weitere Nachteile des Bargelds sind, dass es nicht verzinst wird und nicht fälschungssicher ist.

Bargeld = hoher Aufwand und nicht verzinst

Aufgrund der EG-Verordnung Nr. 974/98 besteht eine Annahmepflicht für bis zu 50 Münzen unabhängig von deren Wert. § 3 Münzgesetz (MünzG) ergänzt die EG-Verordnung dahingehend, dass bei deutschen, auf Euro lautenden Gedenkmünzen die Annahmeverpflichtung nur bis zu einem Betrag von 200 € greift. Bundesbank und Bundeskassen müssen Euro-Münzen ohne Einschränkung annehmen.

MünzG

1.1.2 Buchgeld

Tz. 222

Unter Buchgeld[54] versteht man im Rechnungs- bzw. Bankwesen ein Bankguthaben auf einem Konto. Es gibt Buchgeld als Sichteinlage (Kontoguthaben) und Buchgeld in der Form von Krediten (z. B. Überziehungskredit). Bei Buchgeld handelt es sich nicht um ein gesetzliches Zahlungsmittel, die Verwendung kann nur durch den Besitzer einer Sichteinlage erfolgen. Eine jederzeitige Abhebung von Guthaben in Form von Bargeld ist jedoch grundsätzlich möglich (vgl. § 1 Nr. 1 und § 3 Nr. 3 KWG[55]).

Sichteinlagen und Kredite

Anders als bei Bargeld ist das Verlust- und Diebstahlrisiko bei Buchgeld wesentlich geringer, die Aufbewahrungskosten sind relativ niedrig. Darüber hinaus kann bei Buchgeld eine Verzinsung erfolgen. Ein Nachteil des Buchgeldes ist, dass es nicht anonym verwendet werden kann.

---

53 Weiterführende Information unter www.derhandel.de.
54 Andere Bezeichnung: Giralgeld.
55 KWG = Kreditwesengesetz.

1.1.3 Geldersatzmittel

Tz. 223

Schecks und Wechsel

Geldersatzmittel sind beispielsweise Schecks oder Wechsel. Es besteht keine Verpflichtung, diese Zahlungsmittel zu akzeptieren. Werden sie als Zahlungsmittel zugelassen, beinhalten sie den Anspruch auf Geld.

1.2 Zahlungsverkehr

Tz. 224

Es gibt folgende Zahlungsformen unter Verwendung der oben genannten Zahlungsmittel:

- Barzahlungsverkehr (sog. Kassengeschäfte),
- halbbarer Zahlungsverkehr,
- bargeldloser Zahlungsverkehr.

1.2.1 Barzahlungsverkehr

Tz. 225

Kassengeschäft

Bei der Barzahlung wird kein Konto benötigt. Die Zahlung erfolgt unmittelbar, persönlich oder durch einen beauftragten Dritten.

Für den Barzahlungsverkehr im betrieblichen Bereich, der nicht das Privatkundengeschäft beinhaltet, ist die Führung einer Kasse ebenfalls unumgänglich, da immer die Notwendigkeit besteht, kleinere Besorgungen machen zu müssen. Hierfür wäre es umständlich, immer eine Kreditkarte oder ein ähnliches Zahlungsmittel einzusetzen.

Barzahlungen werden als unmittelbare Zahlungen geleistet, das bedeutet, dass der Schuldner dem Gläubiger unmittelbar Bargeld gegen eine Quittung übergibt. Die Einzahlung von Bargeld auf einem Bankkonto wird auch unter dem Begriff des Barzahlungsverkehrs subsumiert.

Darüber hinaus werden Barzahlungen als mittelbare Barzahlungen geleistet. Dies bedeutet, dass der Schuldner das Bargeld auf ein Girokonto eines Dritten einzahlt, dieser dann das Geld abhebt und dem Gläubiger überreicht.

1.2.2 Halbbarer Zahlungsverkehr

Tz. 226

Unter halbbarem Zahlungsverkehr versteht man eine Mischform von Barzahlung und Buchgeld. Folglich muss einer der beiden Beteiligten über ein Konto verfügen. Es werden zwei Formen des halbbaren Zahlungsverkehrs unterschieden.

- Zahlschein

    Hier wird das Bargeld vom Schuldner bei einem Kreditinstitut eingezahlt. Der entsprechende Betrag wird dann auf dem Konto des Gläubigers gutgeschrieben. Das vom Schuldner verwendete Formular entspricht im Regelfall einem Überweisungsformular.

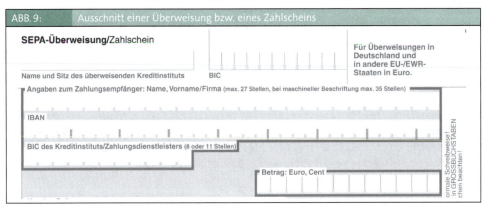

ABB. 9: Ausschnitt einer Überweisung bzw. eines Zahlscheins

▶ Barscheck/Zahlungsanweisung

Bei dieser Form des Zahlungsverkehrs verwendet der Schuldner sein Konto. Der angewiesene Betrag wird dem Gläubiger durch ein Kreditinstitut ausbezahlt. Bei einer Zahlungsanweisung konnte die Auszahlung bis November 2010 auch durch den Postboten erfolgen.

1.2.3 Bargeldloser Zahlungsverkehr

Tz. 227

Beim bargeldlosen Zahlungsverkehr verwenden sowohl Gläubiger als auch Schuldner ein Konto. Der bargeldlose Zahlungsverkehr wird entweder beleggesteuert, also auf der Basis von Quittungen oder Überweisungsträgern, oder beleglos abgewickelt. Beim beleglosen Zahlungsverkehr wird die Zahlung durch Datenträgeraustausch oder durch Datenfernübertragung (z. B. Online-Banking) ausgeführt. Der bargeldlose Zahlungsverkehr ist meist die sicherste, schnellste und kostengünstigste Zahlungsform.

bargeldlos = schnell und sicher

1.2.3.1 Überweisungsverkehr

Tz. 228

Im Überweisungsverkehr erteilt der Schuldner seiner Bank den Auftrag, von seinem Konto eine Gutschrift auf das Konto des Gläubigers vorzunehmen. Durch das Überweisungsgesetz vom 21. 7. 1999 (BGBl 1999 I S. 1642) wurden in das BGB erstmalig Regelungen über den bargeldlosen Zahlungsverkehr eingefügt (§§ 675a ff. BGB). In § 675s Abs. 1 BGB ist geregelt, dass Überweisungen zwischen *verschiedenen* Zahlungsdienstleistern innerhalb des Europäischen Wirtschaftsraums innerhalb der folgenden Zeit auf dem Konto des Empfängerinstituts gutgeschrieben sein müssen:

Überweisungsgesetz

▶ Überweisungen in Euro

Die Überweisung muss grundsätzlich innerhalb eines Bankgeschäftstags eintreffen. Bis zum 1. 1. 2012 konnten abweichende Vereinbarungen zwischen Kreditinstitut und Kunden noch eine Dauer von drei Bankgeschäftstagen vorsehen. Für Überweisungen in Papierform verlängern sich die Fristen um jeweils einen Geschäftstag.

▶ Überweisungen in anderer Währung

Für eine Überweisung, die auf eine andere Währung als Euro lautet, kann zwischen Kunden und Kreditinstitut eine Frist von maximal vier Tagen vereinbart werden.

Überweisungen innerhalb *desselben* Kreditinstituts sind nach § 675t BGB unverzüglich nach Eingang zu buchen, die Wertstellung muss tagggleich mit dem Zahlungseingang erfolgen.

Fristbeginn ist gemäß § 675n BGB jeweils der Tag der Auftragserteilung, sofern es sich um einen Bankgeschäftstag handelt. Ist dies nicht der Fall, beginnt die Frist am darauf folgenden Bankgeschäftstag zu laufen.

Tz. 229

Eine besondere Form der Überweisung ist die Dauerüberweisung, die aufgrund eines einmaligen Dauerauftrags vorgenommen wird. Ein Dauerauftrag hat folgende Eigenschaften:

Dauerüberweisung

▶ gleicher Empfänger,
▶ gleicher Betrag,
▶ gleiches Auftraggeberkonto,
▶ gleiches Empfängerkonto,
▶ regelmäßig wiederkehrender Termin.

Ein Dauerauftrag ist z. B. für Mietzahlungen, Darlehenstilgungen und oftmals auch für Lohnzahlungen geeignet.

VII. In- und ausländischer Zahlungsverkehr

ABB. 10: Ausschnitt eines Dauerauftrags

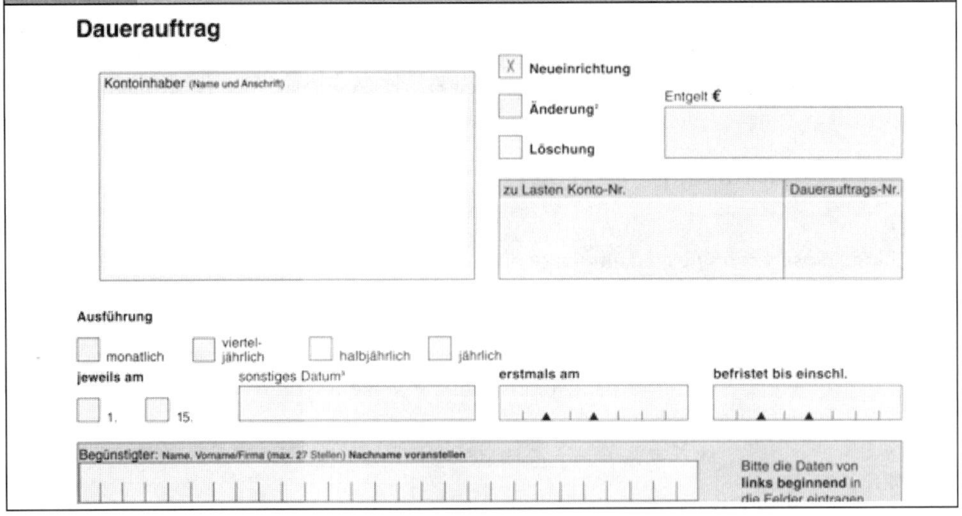

1.2.3.2 Lastschriftverkehr

Tz. 230

Abkommen über den Lastschriftverkehr

Anders als bei der Überweisung wird die Zahlung bei der Lastschrift nicht seitens des Schuldners, sondern durch den Gläubiger verursacht. Die Geldschuld wird dadurch von der Bringschuld zur Holschuld. Das Lastschriftverfahren ist nicht gesetzlich geregelt, es gibt jedoch ein nationales „Abkommen über den Lastschriftverkehr" aus dem Jahr 1963. Dieses wird von allen in Deutschland tätigen Geschäftsbanken, Volksbanken und Kreditinstituten anerkannt. Eine Lastschrift kann für alle einmaligen und wiederkehrenden Zahlungen durchgeführt werden, wenn der Schuldner dem Lastschriftverkehr schriftlich zugestimmt hat. Man unterscheidet zwei verschiedene Arten der Zustimmung:

▶ Einzugsermächtigung

Im Einzugsermächtigungsverfahren erteilt der Schuldner dem Gläubiger schriftlich die Ermächtigung, einen fälligen Forderungsbetrag einmalig oder mehrmals von seinem Konto einzuziehen. Diesem Einzug kann der Schuldner grundsätzlich ohne Einhaltung einer bestimmten Frist widersprechen. Die „Sonderbedingungen für den Zahlungsverkehr" sehen jedoch eine Widerspruchsfrist von sechs Wochen nach Zugang des Rechnungsabschlusses vor.

Auf europäischer Ebene ist im November 2009 das SEPA-Basislastschriftverfahren eingeführt worden. Dieses entspricht im Wesentlichen dem deutschen Einzugsermächtigungsverfahren, ist jedoch grenzüberschreitend möglich. Die Widerspruchsfrist beträgt hierbei acht Wochen ab Belastung.

▶ Abbuchungsauftrag

Wird ein Betrag aufgrund eines rechtsgültigen Abbuchungsauftrags eingezogen, ist i. d. R. ein Widerspruch nicht möglich. Der Betroffene hat nur die Möglichkeit, den Abbuchungsauftrag für die Zukunft zu widerrufen. Die zum 1.11.2009 in nationales Recht umgesetzte Richtlinie über Zahlungsdienste gewährt auch dem Zahlenden im Rahmen des Abbuchungsauftragsverfahrens eine Widerspruchsmöglichkeit. Diese greift nach § 675x BGB insbesondere dann, wenn der zahlungspflichtige Kunde dem Zahlungsempfänger eine Blanko-Vollmacht erteilt hat, da bei der Autorisierung der genaue Betrag noch nicht angegeben wurde. In diesen Fällen gilt eine Widerspruchsfrist von acht Wochen seit der Belastung. In § 675x Abs. 3 BGB wurde verankert, dass zwischen dem Schuldner und Zahlungsdienstleister ein Ausschluss des Erstattungsrechts vereinbart werden kann.

Im November 2009 wurde auf europäischer Ebene das SEPA-Firmenlastschriftverfahren eingeführt, das mit dem deutschen Abbuchungsverfahren grundsätzlich identisch ist, jedoch grenzüberschreitend angewendet werden kann.

1.2.3.3 Scheckverkehr

Tz. 231
Grundlagen

Ein Scheck ist die schriftliche Anweisung des Ausstellers an sein Kreditinstitut, einem Dritten bei Vorlage einen bestimmten Geldbetrag zulasten seines Kontos auszuzahlen. Die gesetzliche Grundlage des Scheckverkehrs in Deutschland ist das Scheckgesetz vom 14.8.1933. Gemäß Art. 1 des Scheckgesetzes (ScheckG) muss ein Scheck folgende Merkmale haben:

Scheckgesetz

1. Scheckklausel: Das Wort „Scheck" muss auf dem Papier genannt sein
2. Unbedingte Anweisung, eine bestimmte Summe zu zahlen
3. Bezogenes Kreditinstitut: Kreditinstitut, das den Scheck einlösen muss
4. Zahlungsort
5. Tag und Ort der Ausstellung
6. Unterschrift des Ausstellers

Merkmale eines Schecks

ABB. 11: Muster eines Schecks

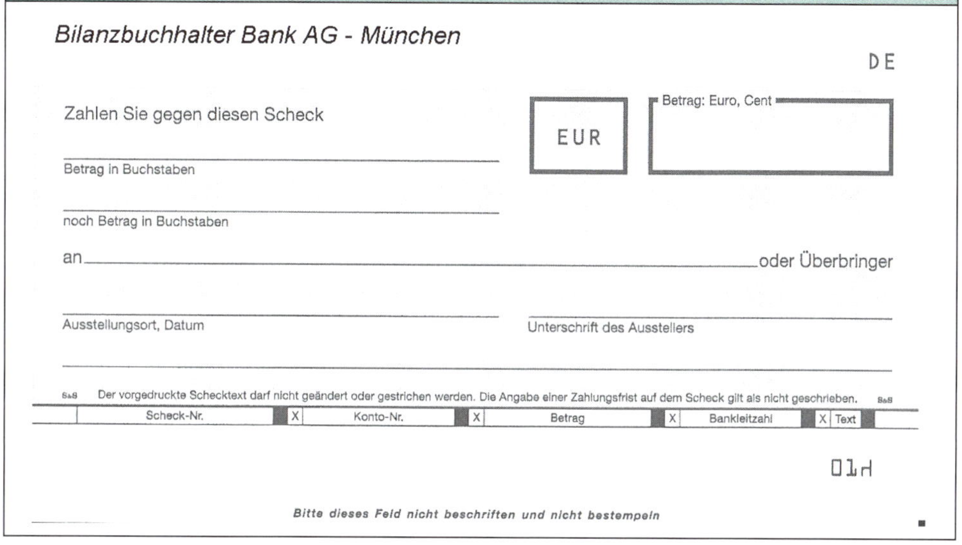

Neben den gesetzlichen Merkmalen weisen Schecks i. d. R. sog. kaufmännische Merkmale auf, die von den Kreditinstituten meist gefordert werden:

7. Schecknummer
8. Kontonummer (IBAN)
9. Bankleitzahl (BIC)
10. Geldbetrag in Buchstaben und Ziffern
11. Zahlungsempfänger
12. Überbringerklausel
13. Verwendungszweck

Tz. 232
Der Scheck kann entweder

Einlösung eines Schecks

- beim bezogenen Institut eingelöst werden,
- an ein anderes Institut zum Einzug weitergegeben werden oder
- an einen Gläubiger als Zahlungsmittel weitergegeben werden.

Ein Scheck, der im Inland ausgestellt wurde, ist gemäß Art. 29 Abs. 1 ScheckG binnen acht Tagen zur Zahlung vorzulegen. Da die Frist gemäß Art. 29 Abs. 4 ScheckG an dem Tag zu laufen beginnt, der in dem Scheck als Ausstellungstag angegeben ist, kann die Vorlegungsfrist durch Vordatierung des Schecks (zulässig!) verlängert werden. Ein vordatierter Scheck kann auch vor dem Ausstellungsdatum vorgelegt werden. Ist die Vorlagefrist abgelaufen, kann die bezogene Bank den Scheck dennoch einlösen. Eine Verpflichtung hierzu besteht jedoch nicht.

Der Aussteller eines Schecks hat die Möglichkeit, diesen zu widerrufen. Nach Ablauf der Vorlegungsfrist ist das bezogene Institut an den Widerruf gebunden (Art. 32 Abs. 1 ScheckG). Erfolgt der Widerruf vor Ablauf der Vorlegungsfrist, ist dieser nicht bindend, aber bei rechtzeitigem Eingang zu beachten (BGH v. 13. 6. 1988, Az. II ZR 295/87).

Tz. 233
Barschecks

Barscheck

Bei Barschecks kann der Scheckempfänger den Scheck bei dem bezogenen Institut in bar einlösen bzw. diesen weitergeben. Die Legitimation der Person, die den Scheck vorlegt, wird hierbei üblicherweise nicht überprüft. Dies bedeutet, dass es bei Verlust oder Diebstahl relativ leicht zu einer missbräuchlichen Verwendung kommen kann.

Tz. 234
Verrechnungsschecks

Verrechnungsscheck

Bei Verrechnungsschecks ist die bare Verfügung ausgeschlossen. Folglich darf der Scheckbetrag nur auf einem Konto gutgeschrieben werden. Ein Verrechnungsscheck ist auf der Vorderseite durch einen entsprechenden vorgedruckten oder handschriftlichen Vermerk (z. B. „nur zur Verrechnung") oder durch zwei parallele Schrägstriche in der linken oberen Ecke zu kennzeichnen (vgl. Abb. 12). Verrechnungsschecks werden meist mithilfe eines Scheck-Einreichungsformulars eingereicht. Die Gutschrift erfolgt mit dem Vermerk „Eingang vorbehalten" (E.v.).

ABB. 12: Kennzeichnung eines Schecks zur Verrechnung

Tz. 235
Bestätigter Scheck

bestätigter Scheck

Bei bestätigten Schecks soll die Sicherheit des Gläubigers erhöht werden. Dies geschieht dadurch, dass die Bundesbank oder eine Landeszentralbank auf der Rückseite des Schecks einen Bestätigungsvermerk anbringt. Hierdurch haftet die bestätigende Bank für die Einlösung, wenn der Scheck innerhalb von acht Tagen vorgelegt wird. Sonstige Banken und Sparkassen dürfen keine Bestätigung erteilen, können jedoch eine vergleichbare Einlösungszusage geben (Vermerk: „Einlösung wird garantiert"). In der Praxis spielen bestätigte Schecks bzw. Schecks mit Einlösungszusage vor allem bei Versteigerungen und beim Fahrzeugkauf eine Rolle.

1.2.3.4 Wechselverkehr

Tz. 236

Wechsel

Der Wechsel ist, ähnlich wie der Scheck, ein Wertpapier und damit kein gesetzliches Zahlungsmittel. Er ist eine abstrakte Urkunde, deren Form im Wechselgesetz (WG) geregelt ist. Durch die Bezeichnung als abstrakte Urkunde kommt zum Ausdruck, dass die Wechselforderung losgelöst von dem Rechtsgeschäft besteht, das dem Wechselgeschäft zugrunde liegt.

Kaufmann A kauft bei Kaufmann B eine Maschine. A akzeptiert über den Kaufpreis einen Wechsel. Aufgrund eines Defektes der Maschine wird die Maschine nach vier Wochen an B zurückgegeben.

Die Rückgabe der Maschine befreit A nicht automatisch von der Begleichung des Schuldwechsels.

Ein Wechselgeschäft wird üblicherweise in folgenden Schritten abgewickelt:
1. **Ausstellung**

    Der Aussteller (= Gläubiger) zieht auf jemanden einen Wechsel. Solange der Wechsel vom Bezogenen (= Schuldner) noch nicht akzeptiert ist, nennt man ihn Tratte. Eine Tratte verpflichtet den Schuldner noch nicht zur Zahlung.

2. **Annahme**

    Sobald der Bezogene den Wechsel durch Unterschrift auf der Wechselurkunde angenommen hat, ist er verpflichtet, aus dem Wechsel zu zahlen. Dieses Zahlungsversprechen wird als Akzept bezeichnet.

3. **Übertragung**

    Der Aussteller kann den Wechsel durch Indossament übertragen. Diese Übertragung kann an einen Geschäftspartner oder ein Kreditinstitut erfolgen. Der Übertragende wird als Indossant und der neue Wechselgläubiger als Indossatar bezeichnet. Wird der Wechsel vor dem Verfalltag einer Bank vorgelegt, um hierdurch liquide Mittel zu erhalten, berechnet die Bank neben Spesen einen Wechseldiskont.

4. **Einlösung**

    Die Wechselschuld ist eine Holschuld. Dies bedeutet, dass der Wechselinhaber den Wechsel am Fälligkeitstag (= „Verfalltag") oder an einem der beiden folgenden Werktage dem Bezogenen zur Zahlung vorlegt.

Tz. 237

Kann die Wechselschuld am Verfalltag vom Bezogenen nicht beglichen werden, kann der Inhaber des Papiers Protest mangels Zahlung erheben. Der Wechselprotest ist durch einen Notar oder Gerichtsbeamten öffentlich festzustellen (Art. 44 Abs. 1 und Art. 79 WG). Hierdurch verschlechtert sich unmittelbar die Bonität des Bezogenen. Der Inhaber des Wechsels kann alle Personen, die den Wechsel ausgestellt, indossiert oder mit einer Bürgschaft versehen haben, gesamtschuldnerisch in Regress nehmen (Art. 43 WG). Er kann sowohl auf seinen unmittelbaren Vormann (Reihenregress) oder auf einen beliebigen Vormann (Sprungregress) zugreifen. Der Inhaber kann gemäß Art. 48 WG im Wege des Rückgriffs folgende Forderungen stellen:

Wechselprotest

- Wechselsumme,
- Zinsen i. H. von 2 % über dem Basiszinssatz, mindestens 6 %,
- Protestkosten (inkl. Auslagen),
- Provision i. H. von 1/3 % der Wechselsumme.

Um einen Wechselprotest zu vermeiden, kann die Wechsellaufzeit verlängert werden. Dieser Vorgang wird als Prolongation bezeichnet. Darüber hinaus besteht die Möglichkeit, dass ein Wechselbürge die wechselrechtliche Haftung für die Bezahlung des Wechsels übernimmt (Art. 30 bis 32 WG). Außerdem ist ein „Ehreneintritt" möglich. Dies bedeutet, dass eine Person auf dem Wechsel vermerkt ist, die im Notfall den Wechsel annimmt bzw. begleicht (Art. 55 bis 63 WG).

Prolongation

1.2.3.5 Kartengestützter Zahlungsverkehr

Tz. 238

Seit vielen Jahren werden verstärkt kartengestützte Zahlungssysteme verwendet. Es sind u. a. folgende Kartenarten im Umlauf:

Zahlung mit Karte

- Kreditkarten
- Eurochequekarten
- Geldkarten
- Kundenkarten
- Debitkarten

Bezüglich der verschiedenen Arten des kartengestützten Zahlungsverkehrs ist ein Unterscheidungskriterium der Zeitpunkt, zu dem die Liquidität beim Zahlenden abfließt. Es werden folgende Differenzierungen gemacht:

▶ **Pay-Now-Zahlungssysteme**

Hier fallen der Zeitpunkt des Erwerbs und der Zahlungszeitpunkt zusammen. Der Kunde erteilt dem Händler im Kaufzeitpunkt über ein Kartenlesegerät eine Online-Autorisierung, den entsprechenden Betrag sofort vom Konto des Kunden einziehen zu können.

▶ **Pay-Before-Zahlungssysteme**

Bei diesem System wird eine Prepaidkarte vor dem eigentlichen Zahlungsvorgang aufgeladen und zur Zahlung verwendet. Einsatzgebiete sind vor allem der Handy-Bereich wie auch die Geldkarte.

▶ **Pay-Later-Zahlungssysteme**

Hier erhält der Kunde die Leistung, bevor er sie bezahlt. Der Kunde bekommt somit einen Kredit eingeräumt. Die hierfür eingesetzten Kreditkarten sind entweder Charge Cards, die die getätigten Zahlungen einmal monatlich in Form einer Sammelbuchung belasten, oder Revolving Credit Cards, die auf einem eigenen Kartenkonto mit einem Kreditrahmen belastet werden.

Tz. 239

Electronic Cash

ec Als Electronic Cash (ec) wird das Debitkartensystem des Zentralen Kreditausschusses[56] genannt. Es ermöglicht die bargeldlose Zahlung am Leistungsort, dem sog. Point of Sale (POS). Der Zahlungsvorgang wird i. d. R. wie folgt abgewickelt.

1. Automatische Übernahme des Betrags von der Registrierkasse (bzw. manuelle Eingabe).
2. Die Karte wird mit einem Händlerterminal[57] (Magnetleser bzw. Chipleser) ausgelesen.
3. Das Händlerterminal baut eine Verbindung zum Provider auf.
4. Durch die Eingabe einer Geheimzahl (PIN) wird eine Validitätsprüfung vorgenommen.
5. Die Geheimzahl wird überprüft.
6. Das Vorliegen einer Kartensperre und der verfügbare Finanzrahmen werden überprüft.
7. Das Händlerterminal meldet sich beim Provider ab.
8. Das Ergebnis „Zahlung erfolgt" garantiert dem Händler seine Zahlung.
9. Der Drucker erstellt ein Protokoll über die Zahlung.

POS Der dargestellte Zahlungsvorgang wird als POS-System mit Zahlungsgarantie bezeichnet. Die anfallenden Gebühren belaufen sich im Inland auf 0,03 % des Umsatzes, mindestens jedoch auf 0,08 € pro Transaktion.[58]

Tz. 240

POZ Des Weiteren gab es von 1990 bis 2006 noch POS-Systeme ohne Zahlungsgarantie (sog. POZ-Systeme). Hier entfiel die Eingabe der Geheimzahl. Stattdessen wurde dem Kunden eine einmalige Einzugsermächtigung zur Unterschrift vorgelegt. Die Belastung des Kundenkontos erfolgt offline. Der Vorteil hierbei war, dass niedrigere Gebühren anfielen (0,05 € pro Vorgang). Der Nachteil war, dass der Händler keine Zahlungsgarantie erhielt. Das Verfahren wurde mangels Akzeptanz eingestellt, das Zahlen mit ec-Karte und Unterschrift als elektronisches Lastschriftverfahren beibehalten.

Tz. 241

Ist die Debitkarte mit einem Mikroprozessorchip ausgestattet, wird die Karte als Geldkarte bzw. ecc-Karte[59] bezeichnet. Auf dem Chip kann mittels eines speziellen Terminals des Kreditinstituts ein Geldbetrag aufgeladen werden. Die maximal aufladbare Summe ist häufig aus Sicherheitsgründen auf 200 € begrenzt. Der auf dem Chip gespeicherte Geldbetrag kann nun

---

56 Der Zentrale Kreditausschuss ist eine 1932 gegründete Einrichtung der Kreditinstitute in Deutschland.
57 Fachbegriff: EFT-POS-Terminal (= Electronic-Funds-Transfer-Point-of-Sale-Terminal).
58 Lt. Händlerbedingungen für die Teilnahme am ec-System (www.electronic-cash.de).
59 Electronic-Cash-Chip-Karte.

zu Zahlungsvorgängen benutzt werden. Häufige Einsatzgebiete sind Fahrschein-, Park-, Briefmarken- und Zigarettenautomaten.

Tz. 242

Kreditkarten

Der Zahlungsvorgang bei einer Kreditkarte ähnelt grundsätzlich dem des POZ-Systems. Ein wichtiger Unterschied ist jedoch, dass dem Händler eine Zahlungsgarantie gegeben wird. Der Händler hat üblicherweise eine Gebühr von 3 % bis 5 % des Umsatzes zuzüglich einer fixen Pauschale von 0,10 € bis 0,30 € je Umsatz zu entrichten.

Kreditkarte

Darüber hinaus können Kreditkarten oftmals zur Beschaffung von Bargeld an Geldautomaten oder als Telefonkarte eingesetzt werden. Viele Kreditkartengesellschaften bieten im Zusammenhang mit der Kreditkarte auch diverse Versicherungsleistungen an.

1.2.3.6 Online Banking

Tz. 243

Beim Online Banking wird vom Kunden über das Internet oder per Direkteinwahl bei der Bank auf den Rechner der Bank zugegriffen. Dies kann browserbasiert über die Internetseite der Bank oder über ein Clientprogramm, bei dem offline die Transaktionen eingegeben werden, geschehen. Der Kunde verifiziert sich bei seinem Kreditinstitut oftmals mit einem der folgenden Verfahren:

Internetbanking

- **PIN/TAN**

  Nach Eingabe der PIN (Persönliche Identifikationsnummer) hat der Kunde die Möglichkeit, sein Bankkonto einzusehen. Um Transaktionen auszuführen, benötigt er jeweils eine TAN (Transaktionsnummer). Diese werden dem Kunden in Form einer Liste zugesandt. Die TAN verliert nach einmaliger Eingabe ihre Gültigkeit. In der Praxis werden mittlerweile meist indizierte TANs (iTAN) eingesetzt. Bei diesem System kann der Kunde nicht eine beliebige TAN aus seiner Liste eingeben. Er wird vielmehr von der Bank aufgefordert, eine bestimmte, durch eine entsprechende Nummer gekennzeichnete TAN aus seiner Liste einzugeben.

- **Homebanking Computer Interface (HBCI)**

  Die Verifizierung des Kunden mittels HBCI setzt eine Chipkarte und einen Chipkartenleser voraus. Der Chipkartenleser wird an das EDV-System des Kunden angeschlossen. Er verschlüsselt die vom Homebanking-Programm erzeugte Signatur und macht sie so vor Keyloggern, Trojanern und Phishing-Angriffen sicher.

- **File Transfer and Access Management (FTAM)**

  Bei diesem Verfahren, das hauptsächlich von Großkunden genutzt wurde, wählte sich der Kunde direkt über ISDN oder Frame Relay bei der Bank ein. Es wurde zum 31.12.2010 eingestellt und durch das internetbasierte Übertragungsverfahren EBICS (Electronic Banking Internet Communicatron Standard) ersetzt.

2. Auslandszahlungsverkehr

2.1 Grundlagen

Tz. 244

Als Auslandszahlungsverkehr wird der Zahlungsverkehr zwischen Gebietsansässigen und Gebietsfremden bezeichnet. Ob sich die Gebietsfremden innerhalb der Staaten, die den Kapitalverkehr in Euro abwickeln, befinden, spielt hierbei keine Rolle. Die Kreditinstitute können zur Abwicklung des internationalen Zahlungsverkehrs auf Kontokorrentverbindungen bei Korrespondenzbanken zurückgreifen.

Die in Deutschland ansässige Bank A unterhält bei der in den USA ansässigen Korrespondenzbank B ein Konto.

Dieses Konto ist aus Sicht der Bank A ein „Nostrokonto". Aus Sicht der Bank B handelt es sich um ein „Lorokonto".

Tz. 245

TARGET Für grenzübergreifende Überweisungen wird häufig das TARGET-System (= **T**rans-European **A**utomated **R**eal-time **G**ross Settlement **E**xpress **T**ransfer System) genutzt. Über TARGET werden bereits vorhandene nationale Überweisungsnetze europaweit verbunden. Zu vielen anderen Staaten, wie Japan oder USA, bestehen ebenfalls Schnittpunkte. Der Vorteil des Systems ist, dass Überweisungen innerhalb weniger Minuten kostengünstig ausgeführt werden können. Das TARGET-System wurde im November 2007 durch das leistungsfähigere TARGET2-System abgelöst.

Aufgrund der größeren Distanzen zwischen den Geschäftspartnern, unterschiedlicher kultureller, sprachlicher und rechtlicher Rahmenbedingungen sind Auslandszahlungen mit einem besonderen Risiko behaftet. Um dieses zu schmälern, werden oftmals neben ungesicherten Zahlungen mit Dokumenten unterlegte Zahlungen eingesetzt.

2.2 Nichtdokumentäre Zahlungen

Tz. 246

SWIFT Das Clean Payment ist eine Bezeichnung für den nichtdokumentären Zahlungsverkehr im Rahmen der Außenhandelsfinanzierung. Hierzu gehören Überweisungen von Gebietsansässigen an Gebietsfremde. Die Überweisungen können einerseits brieflich oder telefonisch mittels des SWIFT-Systems der **S**ociety for **W**orldwide **I**nterbank **F**inancial **T**elecommunications durchgeführt werden. Hierbei wird der Zahlungsverkehr von weltweit über 10.000 Geldinstituten standardisiert als beleglose Nachricht (mehr als 15 Millionen pro Tag) abgewickelt.

IBAN Für grenzüberschreitende Überweisungen wird die sog. IBAN (= **I**nternational **B**ank **A**ccount **N**umber) benötigt. Es handelt sich hierbei um eine international eindeutig zuordenbare Bankkontonummer, die sich aus einem Ländercode (z. B. DE für Deutschland), einer zweistelligen Prüfziffer, der Bankleitzahl und der Kontonummer zusammensetzt. Die IBAN findet vor allem bei Überweisungen innerhalb der Europäischen Union Verwendung, da viele Drittländer (z. B. USA) an das IBAN-System nicht angeschlossen sind.

BIC Kann nicht unter Verwendung einer IBAN überwiesen werden, wird der sog. BIC (= **B**ank **I**dentifier **C**ode) benötigt. Es handelt sich hierbei um einen standardisierten Bankcode, mit dem weltweit jedes direkt oder indirekt teilnehmende Kreditinstitut eindeutig identifiziert werden kann.

2.3 Dokumentäre Zahlungen

Tz. 247

Urkunden des dokumentären Zahlungsverkehrs Beim dokumentären Zahlungsverkehr werden im Rahmen von Außenhandelsgeschäften Urkunden und Wertpapiere eingesetzt, um einseitige Leistungserbringungen zu verhindern. Die wichtigsten Urkunden beim dokumentären Zahlungsverkehr sind:

- ▶ **Handelsfaktura**

  Die Handelsfaktura[60] ist auf den Namen des Auftraggebers ausgestellt und enthält beispielsweise Angaben zu Gewicht, Menge, Preis, Größe und Qualität der Handelsware. Der in der Handelsfaktura genannte Preis darf den Betrag im Dokumentenakkreditiv (siehe Tz. 248) nicht übersteigen.

- ▶ **Konnossement**

  Das Konnossement ist ein Seefrachtbrief, mit dem der Verfrachter bestätigt, dass er die Ladung übernommen hat. Darüber hinaus ist das Konnossement ein Wertpapier, das anstelle der Waren zum Verkauf oder zur Verpfändung übergeben werden kann. Im Konnossement ist im Regelfall neben dem Verfrachter, dem Kapitän, der Name und die Nationalität des Schiffes sowie der Lade- und Löschhafen angegeben.

- ▶ **Ladeschein**

  Der Ladeschein ist die in der Binnenschifffahrt verwendete Form des Konnossements.

---

60 Faktura = Rechnung.

- **Frachtbrief**

  Der Frachtbrief begleitet Waren im Eisenbahn-, Straßen- und Luftverkehr. Gemäß § 408 HGB enthält ein Frachtbrief u. a. Angaben zum Frachtführer und der Stelle und dem Tag der Übernahme des Frachtguts sowie die für die Ablieferung vorgesehene Stelle. Ein Frachtbrief berechtigt den Absender, über die Ware auch nach Versendebeginn zu verfügen. Er kann insbesondere verlangen, dass der Frachtführer das Gut nicht weiterbefördert oder es an einen anderen Bestimmungsort, an eine andere Ablieferungsstelle oder an einen anderen Empfänger abliefert (§ 418 Abs. 1 HGB).

- **Ursprungszeugnis**

  Durch das Ursprungszeugnis wird die Herkunft der betreffenden Ware bescheinigt. Die Urkunde hat vor allem für die zolltechnische Behandlung Bedeutung und wird im Regelfall im Ursprungsland der Ware ausgestellt.

- **Zollfaktura**

  Hierbei handelt es sich um eine Rechnung, die mit einem Ursprungsvermerk versehen ist. Es ist also dokumentiert, aus welchem Land die Ware kommt. Aufgrund des in der Zollfaktura angegebenen Warenwerts und des Ursprungsvermerks kann im Bestimmungsland die Verzollung vorgenommen werden.

- **Warenverkehrsbescheinigung**

ABB. 13: Auszug aus einer Warenverkehrsbescheinigung EUR.1

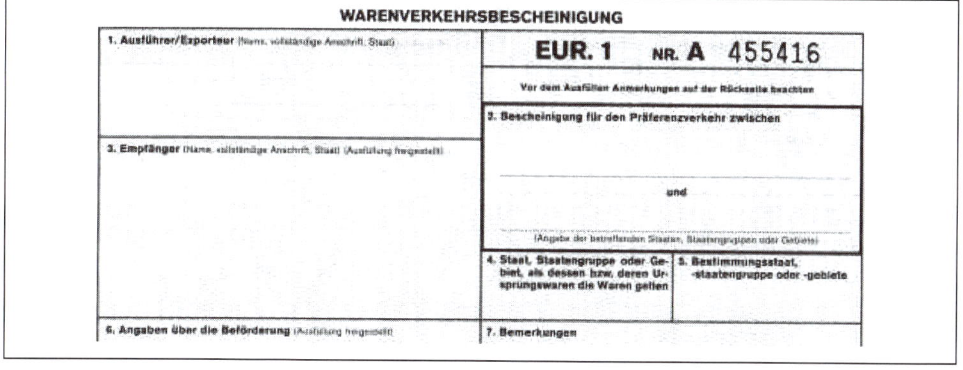
WARENVERKEHRSBESCHEINIGUNG

1. Ausführer/Exporteur (Name, vollständige Anschrift, Staat)

EUR. 1 NR. A 455416

Vor dem Ausfüllen Anmerkungen auf der Rückseite beachten

2. Bescheinigung für den Präferenzverkehr zwischen

und

(Angabe der betreffenden Staaten, Staatengruppen oder Gebiete)

3. Empfänger (Name, vollständige Anschrift, Staat) (Ausfüllung freigestellt)

4. Staat, Staatengruppe oder Gebiet, als dessen bzw. deren Ursprungswaren die Waren gelten

5. Bestimmungsstaat, -staatengruppe oder -gebiete

6. Angaben über die Beförderung (Ausfüllung freigestellt)

7. Bemerkungen

  Als Warenverkehrsbescheinigung oder auch Präferenznachweis wird ein Dokument bezeichnet, das im Warenverkehr mit Staaten, mit denen die EU Handelsabkommen geschlossen hat, bzw. mit Staaten, die der EU assoziiert sind, verwendet wird. Mit dieser Bescheinigung wird der Ursprung der Ware dokumentiert. Standardmäßig wird als Warenverkehrsbescheinigung der Vordruck EUR.1 verwendet (siehe Abb. 13). In dem Formular sind u. a. Angaben zum Exporteur, zum Empfänger und zu der Ware selbst zu machen.

- **Transportversicherungspapiere**

  Transportversicherungen werden entweder als Einmalpolice für Zwecke eines einmaligen Transports oder als Generalpolice abgeschlossen. Generalpolicen stellen einen Rahmenvertrag für mehrmalige Transporte mit gleichartigem Risiko dar. Auf der Basis dieses Rahmenvertrages werden Versicherungszertifikate für die einzelnen Transportvorgänge ausgestellt.

- **Lagerhaltungspapiere**

  Diese Dokumente werden vom Lagerhalter erstellt und weisen die ordnungsgemäße Einlagerung der Handelsware nach.

Tz. 248

Die gebräuchlichsten Richtlinien, wann eine Zahlung zu leisten ist, sind die INCOTERMS (= **In**ternational **Co**mmercial **Terms**), die erstmalig 1936 von der Internationalen Handelskammer formuliert wurden. Die Verwendung der INCOTERMS ist freiwillig, wird jedoch meist in Anspruch genommen, um mögliche Missverständnisse und Streitigkeiten zu verhindern. Ist die Zahlung fällig, gibt es grundsätzlich zwei Arten des dokumentären Zahlungsverkehrs: INCOTERMS

▶ **Dokumenteninkasso**

Beim Dokumenteninkasso können entweder die Dokumente an den Importeur gegen Zahlung ausgehändigt werden oder die Dokumente können gegen Akzeptierung eines Wechsels oder Abgabe eines Zahlungsversprechens überreicht werden. Der Vorteil der ersten Variante ist, dass der Importeur die Ware erst erhält, nachdem er gezahlt hat, während bei der zweiten Variante der Importeur zum Fälligkeitstag eventuell zahlungsunfähig ist. Dieses Risiko kann dadurch ausgeschaltet werden, dass das Kreditinstitut des Importeurs eine Garantie zur Einlösung des Inkassos (z. B. durch einen Aval auf dem Wechsel) gewährt.

▶ **Dokumentenakkreditiv**

Bei einem Dokumentenakkreditiv handelt es sich um ein selbstschuldnerisches, abstraktes[61], bedingtes[62] Zahlungsversprechen des Kreditinstituts des Importeurs gegenüber dem Lieferanten einer Ware. Das Kreditinstitut verpflichtet sich, bei Vorlage der im Akkreditiv genannten Dokumente die fällige Zahlung zu leisten. Da es sich um ein abstraktes Zahlungsversprechen handelt, also ein Zahlungsversprechen, das losgelöst vom eigentlichen Handelsgeschäft besteht, leistet die Bank des Importeurs, die sog. eröffnende Bank, ohne Inaugenscheinnahme der Ware die Zahlung. Dies bedeutet, dass eine Zahlung erfolgt, selbst wenn die Ware fehlerhaft ist, sofern die vorgelegten Papiere keinen Anlass zur Beanstandung geben. Dieses Risiko kann dadurch miniert werden, dass im Akkreditiv ein Warenprüfzertifikat, das durch eine Warenprüfgesellschaft ausgestellt wird, als beizulegendes Dokument gefordert wird. Aufgrund der damit verbundenen hohen Kosten wird das Warenprüfzertifikat meist nur bei hochpreisigen Waren gefordert.

2.4 Einheitlicher Euro-Zahlungsverkehrsraum

Tz. 249

SEPA Mit der Einführung des Euro als Buchgeld zum 1.1.1999 als gemeinsame Währung in mittlerweile über 20 Staaten wurde die Basis für einen einheitlichen Euro-Zahlungsverkehrsraum (englisch: **S**ingle **E**uro **P**ayments **A**rea, abgekürzt **SEPA**) geschaffen. Am SEPA nehmen neben den 28 Mitgliedstaaten der Europäischen Union noch Island, Liechtenstein, Monaco, San Marino, Norwegen und die Schweiz teil. Unabhängig von der Währung des teilnehmenden Landes wird der SEPA-Zahlungsverkehr nur in Euro abgewickelt. Auf internationaler Ebene wird das SEPA-Projekt durch den European Payments Council (EPC), in dem sich die europäischen Kreditinstitute zusammengeschlossen haben und auf nationaler Ebene durch den Zentralen Kreditausschuss (ZKA) betreut.

Das SEPA-System ist seit Anfang 2008 für Bankkunden nutzbar. Die SEPA-Zahlungsinstrumente sind:

▶ **SEPA-Überweisungen**

Für die SEPA-Überweisungen müssen IBAN (International Bank Account Number) und BIC (Bank Identifier Code) verwendet werden. Der Zahlungsempfänger soll ab 2010 nach drei Bankgeschäftstagen und ab 2012 nach einem Bankgeschäftstag über den angewiesenen Betrag verfügen können.

▶ **SEPA-Lastschriften**

SEPA-Lastschriften sind als einheitliches europäisches Lastschriftverfahren von der Funktionsweise eng an das bundesdeutsche Einzugsermächtigungsverfahren (siehe Tz. 230) angelehnt. Die Widerspruchsrechte bei unberechtigter Lastschrift sollen ausgedehnt werden. Die Widerspruchsfristen sollen für Privat- und Geschäftskunden unterschiedlich ausgestaltet werden. Details sind jedoch noch nicht bekannt. Durch die Einführung des SEPA-Lastschriftverfahrens soll u. a. der europaweite Einkauf von Waren beispielsweise über das Internet erleichtert werden.

---

61 „Abstrakt" sagt aus, dass das Zahlungsversprechen rechtlich selbständig neben dem Kaufvertrag steht.
62 „Bedingt" bedeutet hier, dass die Einlösung des Zahlungsversprechens an dokumentäre Bedingungen (z. B. Übergabe des Konnossements) geknüpft ist.

▶ SEPA-Kartenzahlungen

Hier ist es das Ziel, dass Bankkunden im gesamten Euro-Zahlungsverkehrsraum mit einheitlichen Karten bezahlen und Bargeld abheben können.

Der geplante gemeinsame Endtermin für die nationalen Überweisungs- und Lastschriftverfahren für alle Euroländer war der 1.2.2014. Ab diesem Zeitpunkt dürfen Überweisungen und Lastschriften nur noch im standardisierten „pain-Format" (Payments Initiation, englisch für „Zahlungsanweisung") erfolgen. Die Kontoauszüge dürfen nur noch im standardisierten „camt-Format" (Cash Management, englisch für „Geldverwaltung") geliefert werden. Ab dem 1.2.2014 dürfen nur noch die IBAN-Nummern (Internationale Bankkontonummer mit bis zu 34 Stellen) für nationale Zahlungen verwendet werden (für private Verbraucher gilt diese Regelung ab dem 1.2.2016). Das bedeutet, dass bei Angabe der IBAN der BIC (Business Identifier Code, englisch für „Geschäftskennzeichen") entfallen kann.

Vertreter von Europaparlament und Mitgliedstaaten einigten sich allerdings im Januar 2014 auf den Vorschlag der EU-Kommission, die Übergangsfrist für die SEPA-Einführung bis zum 1.8.2014 zu verlängern, da die Vorbereitungen noch nicht hinreichend fortgeschritten seien.

Der Rechtsrahmen für den SEPA-Zahlungsverkehr wird durch die Richtlinie über Zahlungsdienste im Binnenmarkt (Payment Services Directive = PSD) geschaffen. Sie gibt Rechte und Pflichten des Zahlungsdienstleisters, des Zahlenden und des Zahlungsempfängers vor. Die Richtlinie musste in den einzelnen EU-Ländern jeweils bis spätestens 1.11.2009 in nationales Recht umgesetzt werden.

Fragen

1.) In welcher Form treten Zahlungsmittel auf?
- *Bargeld,*
- *Buchgeld und*
- *Geldersatzmittel (Tz. 220)*

2.) In welchen Formen tritt Buchgeld auf?
Buchgeld gibt es sowohl als Sichteinlage als auch in Form von Krediten (Tz. 222).

3.) Was versteht man unter Geldersatzmittel?
Geldersatzmittel sind z. B. Schecks oder Wechsel (Tz. 223).

4.) Wie lange darf eine Überweisung innerhalb eines Instituts maximal dauern? Wo ist dies geregelt?
Eine institutsinterne Überweisung muss taggleich ausgeführt werden. Die gesetzliche Regelung hierzu findet sich in § 675t BGB (Tz. 228).

5.) Wo finden sich Regeln bezüglich der Zahlung mittels Scheck?
Die Normen sind im Scheckgesetz zu finden (Tz. 231).

6.) Wie lange hat der Empfänger eines Schecks Zeit, bis er diesen zur Zahlung vorzulegen hat? Wie kann diese Frist flexibilisiert werden?
Der Empfänger eines Schecks muss diesen binnen acht Tagen zur Zahlung vorlegen. Die Frist kann durch eine Vordatierung des Schecks verlängert werden (Tz. 232).

7.) Welche Forderungen kann der Inhaber eines Wechsels stellen, wenn dieser bei Fälligkeit nicht beglichen wird?
Der Inhaber kann neben der Wechselsumme Zinsen i. H. von 2 % über dem Basiszinssatz (mindestens 6 %), Protestkosten und eine Provision i. H. von 1/3 der Wechselsumme einfordern (Tz. 237).

8.) Wie wird der Vorgang bezeichnet, wenn die Laufzeit eines Wechsels verlängert wird?
Prolongation (Tz. 237)

9.) Für was steht die Abkürzung POS?
POS = Point of Sale (Tz. 239)

10.) Was versteht man unter dem TARGET-System?
Über das TARGET-System werden bereits vorhandene nationale Überweisungsnetze europaweit und zum Teil auch außereuropäisch verbunden (Tz. 245).

11.) Was bedeutet die Abkürzung SWIFT?
SWIFT = Society for Worldwide Interbank Financial Telecommunications (Tz. 246)

12.) Nennen Sie drei Arten von Urkunden, die im dokumentären Zahlungsverkehr verwendet werden.
- *Konnossement,*
- *Frachtschein,*
- *Warenverkehrsbescheinigung (Tz. 247)*

13.) Was ist ein Konnossement?
Hierbei handelt es sich um einen Seefrachtbrief, mit dem der Verfrachter bestätigt, dass er die Ladung übernommen hat (Tz. 247).

14.) Bis zu welchem Zeitpunkt konnten die Euroländer die jeweiligen nationalen Überweisungs- und Lastschriftverfahren gestatten?
Aufgrund der Fristverlängerung waren sie bis zum 31. 7. 2014 gestattet (vormals 31. 1. 2014; Tz. 249).

VIII. Übungsaufgaben

Gesamte Bearbeitungszeit: 100 Minuten

Aufgabe 1 (5 Minuten)
Grenzen Sie die Begriffe Kreditfähigkeit und Kreditwürdigkeit voneinander ab.

Aufgabe 2 (25 Minuten)
Die A AG plant eine Erweiterungsinvestition. Die betreffende Maschine würde eine Auszahlung von 300.000 € verursachen. Neben dem Kaufpreis fallen bei Investitionsbeginn noch 15.000 € an Montagekosten an.

Die geplante Nutzungsdauer der Maschine wird auf vier Jahre geschätzt. Am Ende der Nutzungsdauer wird die Maschine wohl für 100.000 € verkauft werden können.

Während der Nutzungsdauer fließen voraussichtlich folgende Zahlungsströme:

Jahr	Auszahlungen	Einzahlungen
1	150.000 €	160.000 €
2	200.000 €	300.000 €
3	200.000 €	300.000 €
4	150.000 €	260.000 €

Die genannten Beträge berücksichtigen weder die Investition noch den Liquidationserlös. Steuerliche Effekte sind nicht zu berücksichtigen.

a) Stellen Sie mittels der Kapitalwertmethode fest, ob die Investition vorteilhaft ist. Berücksichtigen Sie hierbei einen Kalkulationszinsfuß von 8 %. Begründen Sie Ihre Entscheidung.

b) Wie kann der Kalkulationszinsfuß bestimmt werden? Nennen Sie zwei Möglichkeiten.

c) Welche Auswirkung auf den Kapitalwert hat eine Anhebung des Kalkulationszinsfußes?

d) Ermitteln Sie den Liquidationserlös, den die A AG nach vier Jahren mindestens erzielen muss, wenn durch die Investition insgesamt ein Kapitalwert von 25.000 € erreicht werden soll. Berücksichtigen Sie hierbei einen Kalkulationszinsfuß von 8 %.

Abzinsungsfaktoren (8 %):

1 Jahr:	0,925926
2 Jahre:	0,857339
3 Jahre:	0,793832
4 Jahre:	0,735030

Aufgabe 3 (5 Minuten)
Nennen Sie fünf Maßnahmen, die den Kapitalbedarf eines Unternehmens senken können.

Aufgabe 4 (20 Minuten)
Folgende Daten der A AG sind Ihnen bekannt:

Eigenkapital:	500.000 €
Fremdkapital (verzinslich):	600.000 €
Fremdkapitalzinsen:	36.000 €
Jahresüberschuss:	60.000 €

a) Berechnen Sie folgende Größen:
 - Gesamtkapitalrentabilität
 - Eigenkapitalrentabilität
 - Fremdkapitalzinssatz

b) Der Vorstand plant die Anschaffung einer neuen Produktionsmaschine für 100.000 €. Gehen Sie davon aus, dass die Gesamtkapitalrentabilität hierdurch nicht verändert wird.

Berechnen Sie die neue Eigenkapitalrentabilität für den Fall, dass die Investition nur durch (frisches) Eigenkapital bzw. alternativ nur durch Fremdkapital (unveränderter Zinssatz) finanziert wird.

Beurteilen Sie anschließend das Ergebnis.

Aufgabe 5 (20 Minuten)

Die A AG, ein Bauunternehmer, steht kurz vor Vertragsabschluss mit der B GmbH, die ein Bürogebäude errichten will. Die Bauzeit wird voraussichtlich sechs Monate betragen. Momentan haben sich die Vertragsparteien auf folgende Zahlungskonditionen geeinigt:

- 460.000 € bei Vertragsabschluss,
- 280.000 € nach drei Monaten,
- 360.000 € bei Fertigstellung.

Alternativ hierzu fragt die B GmbH an, ob es möglich wäre, den kompletten Betrag bei Fertigstellung zu entrichten.

a) Wie hoch müsste der Endpreis tatsächlich sein, damit der A AG durch die endfällige Zahlung kein Nachteil entsteht? Unterstellen Sie bei Ihrer Berechnung, dass die A AG ihre Kreditlinie noch nicht ausgeschöpft hat. Der Kreditzins beläuft sich auf 7 % p. a.

b) Nennen Sie vier Gründe, weshalb einige Abnehmer die ihnen gewährte Skontomöglichkeit nicht ausnutzen, obwohl die effektive Zinsbelastung eines Lieferantenkredits vergleichsweise hoch ist.

c) Die B GmbH möchte nach Fertigstellung zur Absicherung möglicher Baumängel 5 % des Kaufpreises einbehalten. Um das zu vermeiden, bietet ihr die A AG eine Bankgarantie ihrer Hausbank an.

Erläutern Sie die Funktionsweise einer Bankgarantie.

Aufgabe 6 (25 Minuten)

Die A AG plant die Anschaffung einer neuen Maschine, mittels derer 50.000 Stück eines neuartigen Dichtungsrings produziert werden sollen. Diese werden voraussichtlich zu 15 € pro Stück verkauft.

In der Endauswahl sind zwei Maschinen, von denen eine gekauft werden soll. Ihnen liegen folgende Informationen vor:

	Maschine I	Maschine II
Anschaffungskosten	450.000 €	380.000 €
Resterlös am Ende der Nutzungsdauer	30.000 €	20.000 €
Fixkosten (ohne Zinsen und Abschreibungen)	100.000 €	80.000 €
variable Kosten pro Stück	10 €	11 €
Nutzungsdauer	10 Jahre	10 Jahre
Kalkulationszins	7 %	7 %

a) Ermitteln Sie mittels der statischen Amortisationsrechnung, welche der beiden Maschinen angeschafft werden soll. Die Sollamortisationszeit beträgt vier Jahre.

b) Führen Sie eine Rentabilitätsvergleichsrechnung durch.

c) Berechnen Sie, ab welcher Stückzahl die Maschinen planmäßigen Gewinn bringen.

Lösung zu Aufgabe 1

Unter Kreditfähigkeit versteht man die rechtliche Fähigkeit, als Kreditnehmer auftreten zu können. Kreditwürdigkeit stellt die persönlichen und wirtschaftlichen Charakteristika des Kreditnachfragers dar, anhand derer der Kreditgeber beurteilt, ob und ggf. zu welchen Konditionen er den Kredit gewähren wird.

Lösung zu Aufgabe 2

a)

Jahr	Auszahlungen	Einzahlungen	Überschuss (Einzahlungen)	Abzinsung	Barwert
1	150.000 €	160.000 €	10.000 €	0,925926	9.259 €
2	200.000 €	300.000 €	100.000 €	0,857339	85.734 €
3	200.000 €	300.000 €	100.000 €	0,793832	79.383 €
4	150.000 €	260.000 €	110.000 €	0,735030	80.853 €
4		100.000 €	100.000 €	0,735030	73.503 €
0	315.000 €				-315.000 €
Kapitalwert					13.732 €

Der Kapitalwert ist positiv. Somit übersteigt die interne Rendite der Investition den Kalkulationszinsfuß von 8 %. Die A AG kann einen zusätzlichen Kapitalwert von 13.732 € erzielen und sollte daher die Maschine erwerben.

b)

Der Kalkulationszinsfuß kann sich an der am Kapitalmarkt zu erreichenden Finanzierung bestimmen. Dieses Verfahren sollte insbesondere im Rahmen einer Eigenkapitalfinanzierung angewendet werden.

Erfolgt die Finanzierung über Fremdkapital, sollte sich die A AG am zu zahlenden Zins orientieren.

Darüber hinaus sollte in Abhängigkeit mit dem Risiko, das mit der Investition verbunden ist, ein Zuschlag berücksichtigt werden.

c)

Ein höherer Kalkulationszinsfuß führt zu einem niedrigeren Kapitalwert.

Ein geringerer Kalkulationszinsfuß führt zu einem höheren Kapitalwert.

d)

gewünschter Kapitalwert:	25.000 €
erzielter Kapitalwert:	- 13.732 €
noch erforderlicher Kapitalwert	11.268 €

Der Betrag ist über vier Jahre aufzuzinsen:

11.268 € × $1{,}08^4$ = 15.330 €

Der Liquidationserlös müsste 115.330 € (100.000 € + 15.330 €) betragen, um einen Kapitalwert von 25.000 € zu erzielen.

Lösung zu Aufgabe 3

- Pachten/Mieten von Grundstücken und Maschinen anstelle von Kauf;
- Factoring zur Verkürzung des Kundenziels;
- Skontogewährung, um einen schnelleren Zahlungseingang zu gewährleisten;
- Just-in-time-Produktion zur Senkung der Kapitalbindung im Materiallager;
- Outsourcing zur Reduzierung der vorzuhaltenden Kapazitäten.

Lösung zu Aufgabe 4

a)

Gesamtkapitalrentabilität =

(Jahresüberschuss + Fremdkapitalzinsen) / Gesamtkapital × 100 =

(60.000 € + 36.000 €) / (500.000 € + 600.000 €) × 100 = 8,73 %

Eigenkapitalrentabilität =

Jahresüberschuss / Eigenkapital × 100 =

60.000 € / 500.000 € × 100 = 12 %

Fremdkapitalzinssatz =

Fremdkapitalzinsen / Fremdkapital × 100 =

36.000 € / 600.000 € × 100 = 6 %

b)

Eigenkapital:	500.000 € + 100.000 € = 600.000 €
Fremdkapital:	600.000 €
Fremdkapitalzinsen:	600.000 € × 6 % = 36.000 €
Jahresüberschuss:	(600.000 € + 600.000 €) × 8,73 % - 36.000 €
	= 104.760 € - 36.000 € = 68.760 €
Eigenkapitalrentabilität:	68.760 € / 600.000 € × 100 = 11,46 %
Eigenkapital:	500.000 €
Fremdkapital:	600.000 € + 100.000 € = 700.000 €
Fremdkapitalzinsen:	700.000 € × 6 % = 42.000 €
Jahresüberschuss:	(500.000 € + 700.000 €) × 8,73 % - 42.000 €
	= 104.760 € - 42.000 € = 62.760 €
Eigenkapitalrentabilität:	62.760 € / 500.000 € × 100 = 12,55 %

Bei ausschließlicher Finanzierung der Investition mittels Eigenkapital sinkt die Eigenkapitalrendite, bei ausschließlicher Finanzierung mittels Fremdkapital steigt sie dagegen an. Es entsteht ein positiver Leverage-Effekt, da die Gesamtkapitalrentabilität größer ist als der durchschnittliche Fremdkapitalzinssatz.

Lösung zu Aufgabe 5

a)

Zahlbetrag	Zeitdauer	Zinssatz (p. a.)	Zinsbetrag
460.000 €	6 Monate	7 %	16.100 €
280.000 €	3 Monate	7 %	4.900 €
			21.000 €

Die A AG müsste den Kaufpreis um mindestens 21.000 € erhöhen, damit ihr durch die endfällige Kaufpreiszahlung kein Nachteil entsteht.

b)
- Es sind liquide Mittel vorhanden, diese können aber zu einem höheren Zinssatz angelegt werden.
- Der sich ergebende Zinsvorteil wird nicht erkannt.
- Die Liquiditätsplanung sowie das Cash-Management sind schlecht organisiert.
- Es bestehen keine anderweitigen Kreditmöglichkeiten.

c)

Eine Bankgarantie ist ein abstraktes Zahlungsversprechen einer Bank. Die Bank ist hierdurch verpflichtet, bei einer Inanspruchnahme aus der Bankgarantie auf erste Anforderung zu zahlen. Diese Verpflichtung besteht gegenüber dem Garantiebegünstigten unabhängig von Rechten und Pflichten des Hauptschuldners. Sie ist somit fiduziarisch.

Lösung zu Aufgabe 6

a)

		Maschine I	Maschine II
kalkulatorische Abschreibungen	(AK - RW) / n	42.000 €	36.000 €
kalkulatorische Zinsen	(AK + RW) / 2 × i	16.800 €	14.000 €
sonstige Fixkosten		100.000 €	80.000 €
Fixkosten (gesamt)		158.800 €	130.000 €
variable Kosten	10 € / 11 € × 50.000	500.000 €	550.000 €
Kosten (gesamt)		658.800 €	680.000 €
Erlöse	15 € × 50.000	750.000 €	750.000 €
Gewinn	Erlöse - Kosten	91.200 €	70.000 €
Amortisationszeit	(AK - RW) / (Gewinn + kalk. Abschreibungen)	3,15 Jahre	3,40 Jahre

Maschine I ist vorteilhafter, da die Amortisationszeit kürzer ist und die Sollamortisationszeit eingehalten wird.

b)

		Maschine I	Maschine II
Rentabilität	(Gewinn + kalk. Zinsen) / (AK + RW) / 2 × 100	45 %	42 %

Die Anschaffung von Maschine I führt zu einer höheren Rentabilität.

c)

		Maschine I	Maschine II
Gewinnschwelle	Fixkosten / (Verkaufspreis - variable Kosten)	31.760	32.500

Ab 31.761 Stück (Maschine I) bzw. 32.501 Stück (Maschine II) erwirtschaften die Maschinen Gewinn.

STICHWORTVERZEICHNIS

Die angegebenen Zahlen verweisen auf die Textziffern (Tz.).

A

Abbuchungsauftrag   230
Abschreibungsverfahren   81 ff.
Abzinsungsfaktor   155
Agio   68
Akkreditiv   248
Akzept   236
Akzessorisch   196
Amortisationsvergleichsrechnung   151 ff.
Amortisationszeit   151
Anfangsinvestition   128
Angebotskalkulation   80
Angebotspreis   74
Anlageintensität   18
Anleihe   108
Annuitätendarlehen   102
Annuitätenmethode   161
Arbeitsintensität   18
Asset Backed Security   118
Aufgeld   68
Aufzinsung   156
Aufzinsungsfaktor   156, 163
Ausfallrisiko   168
Auslandsmarkt   27
Auslandszahlungsverkehr   244
Außenfinanzierung   59
Auszahlung   10, 32, 158, 161
Avalkredit   115
Avalprovision   115

B

BaFin   191
Bankaval   122
Bankgarantie   122
Bargeld   220 ff.
Bargeldloser Zahlungsverkehr   227
Barscheck   226, 233
Barwert   102, 155
Barwertfaktor   155
Barzahlung   225
Basel I   189
Basel II   190
Basel III   190
Baseler Akkord I   189
Baseler Akkord II   190
Baseler Akkord III   190
Basiswert   81
Basiszinssatz   105

Besitzkonstitut   207
Bestätigter Scheck   235
Beteiligungsfinanzierung   59 ff.
Betriebskosten   136, 141
Betriebsrentabilität   53
BIC   246
Binnenmarkt   27
Blankodarlehen   197
Bonität   121, 168, 188, 192 f.
Bonitätsklasse   192 f.
Buchgeld   220, 222
Bürgschaft   115, 168, 214, 196, 199 ff.

C

Call   178, 217
Cap   180
Cashdrain   10
Cashflow   10 f.
Cashflow-Statement   45
Clean Payment   246
Collar   181

D

Damnum   98, 107
Darlehensvertrag   97
Dauerauftrag   229
Dauerüberweisung   229
Debitkartensystem   239
Degressionsbetrag   85
Derivat   25, 179 f.
Devisen   24, 171, 215
Devisenforward   177
Devisenmarkt   24
Devisenoptionsgeschäft   178
Devisentermingeschäft   177
Differenzen-Quotientenformel   162
Differenzinvestition   150
Diskontkredit   113
Dokumentenakkreditiv   248
Dokumenteninkasso   248
Dynamische Investitionsrechnung   154

E

EBIT   52
EBIT-Rentabilität   52
ecc-Karte   241
Effektivzins   98, 107, 109 f.
Eigenkapitalquote   19
Eigenkapitalrentabilität   49
Eigenkapitalunterlegung   193

VERZEICHNIS Stichwort

Eigentumsvorbehalt 205
Einzahlung 32
Einzelzession 208
Einzugsermächtigung 230
Electronic Cash 239
Endwert 156
EONIA 105
EPC 249
Errichtungsinvestition 128
Ersatzinvestition 128
Erweiterungsinvestition 128
EURIBOR 105
Euromarkt 28
Exponentielle Glättung 40
Exportfactoring 121

F

Factoring 116
Fälligkeitsdarlehen 100
FIBOR 105
Fiduziarisch 196
Financial Futures 183
Finanzierungsreserve 36
Finanzinvestitionen 127
Finanzmittelfonds 12
Finanzplan 34 ff.
Fixkosten 18
Floor 180
Forderungsabtretung 208
Forderungszession 116
FOREX 24
Forfaitierung 122
Forward Rate Agreement 182
Frachtbrief 247
FTAM 243

G

Garantie 115, 201, 213
Gegenstandswert 155
Geldersatzmittel 220, 223
Geldmarkt 22
Geldwäschegesetz 221
Genussschein 120
Gesamtkapitalrentabilität 50
Gesetzliche Rücklage 75
Gewinnthesaurierung 73
Gewinnvergleich pro Leistungseinheit 147
Gewinnvergleich pro Periode 146
Gewinnvergleichsrechnung 145
Giralgeld 222
Glättungsfaktor 40
Gleitendes Mittelwert-Verfahren 38
Globalzession 208
Goldene Bilanzregel 20

Goldene Finanzierungsregel 21
Gratisaktie 71
Grundpfandrecht 209
Grundschuld 196, 211 f.
Gründungsinvestition 128

H

Handelsfaktura 247
Handelskredit 111
HBCI 243
Hedging 175
Hermes 214
Hypothek 210

I

IAS 11
IBAN 246
IFRS 11
Immaterielle Investition 127
INCOTERMS 248
Indossament 236
Industrieobligation 96
Inlandsmarkt 27
Innenfinanzierung 59, 73
Insolvenz 2, 189, 168
Interbankengeldmarkt 22
Interne Zinsfußmethode 98, 162
Investitionsarten 127
Investitionsbedarf 126
Investitionsplan 129 ff.
Investitionsrechnung 135 ff.
Investitionszwecke 128

K

Kalkulationszinssatz 155 ff., 161
Kapazitätserweiterungseffekt 87
Kapazitätserweiterungsfaktor 87
Kapitaldienst 139
Kapitalflussrechnung 11 ff.
Kapitalfreisetzungseffekt 86
Kapitalkosten 137
Kapitalmarkt 23
Kapitalrisiko 193
Kapitalrückflussmethode 151
Kapitalwert 131, 158
Kapitalwertmethode 158
Kapitalwiedergewinnungsfaktor 157, 161
Kartengestützter Zahlungsverkehr 238
Kassageschäft 216
Kassamarkt 26
Konnossement 247
Kontokorrentkredit 112
Konzentrationsrisiko 169
Korrespondenzbank 244
Kostenvergleich 142

Stichwort VERZEICHNIS

Kostenvergleichsrechnung 136
Kredit 222
Kreditauftrag 202
Kreditausfallrisiko 191
Kreditfähigkeit 185 ff.
Kreditkarte 242
Kreditleihe 115
Kreditprovision 112
Kreditscoring 187
Kritische Auslastung 144
Kumulationsrechnung 153
Kundenkredit 111

L

Ladeschein 247
Lagerhaltungspapier 247
Länderrisiko 170
Lastschriftverkehr 230
Leasing 117
Leverage-Effekt 19, 92
LIBOR 105
Lieferantenkredit 111
Liquidität 1, 18, 32 ff., 45, 89 ff.
Liquiditätsstatus 45
Lohmann-Ruchti-Effekt 87 f.
Lombardkredit 114

M

Marktpreisrisiko 191
Marx-Engels-Effekt 87
Mezzanine 119
Mini-GmbH 66
Moratoriumsrisiko 170
Münzgesetz 221

N

Nachrangdarlehen 120
Neuinvestition 128

O

Off-Balance-Sheet 176
Online Banking 243
Operationelles Risiko 191
Operative Planung 30
Optionsanleihen 96

P

Patronatserklärung 203
Pay-Before-Zahlungssystem 238
Pay-Later-Zahlungssystem 238
Pay-Now-Zahlungssystem 238
Personalsicherheit 198
Pfandrecht 206
PIN 239, 243

Plafond 124
POS-System 239 f.
Preisangabenverordnung 98
Primärmarkt 23
Prolongation 237
PSD 249
Put Option 217
Put 178

Q

Quittung 221

R

Rating 192
Referenzzinssatz 105
Regress 237
Rentabilität 1, 3, 16, 48 ff., 149
Rentabilitätsvergleichsrechnung 149
Restwertverteilungsfaktor 157
Return on Investment 53
Risikokompensation 194
Risikostreuung 194
Risikoteilung 194
Risikoüberwälzung 194
ROI 53

S

Sachinvestitionen 127
Sale-and-Lease-Back 176
Scheck 223
Scheckgesetz 231
SCHUFA 186
Schuldbeitritt 204
Schuldschein 95
Sekundärmarkt 23
Selbstfinanzierung 75 ff.
SEPA 249
Sicherheitsspanne 36
Sicherungsabtretung 208
Sicherungsübereignung 196, 207
Sichteinlage 222
Spareckzins 105
Spezialbank 94
Statisches Investitionsrechnungsverfahren 135
Stille Gesellschaft 120
Stille Reserve 76
Stückaktie 69
Substitutionsfinanzierung 90
Swap 179
Swapsatz 215
Swift 246

T

Taktische Planung 31
TAN 243

Target-System 245
Target2-System 245
Termingeschäft 217
Terminmarkt 26
Tilgungsdarlehen 101, 110
Transferrisiko 171
Transportversicherungspapier 247
Tratte 236

U

Überweisungsgesetz 228
Überweisungsverkehr 228
Überziehungsprovision 112
UG (haftungsbeschränkt) 66
Umsatzprovision 112
Umsatzrentabilität 51
Universalbank 94
Unternehmergesellschaft (haftungsbeschränkt) 66
Ursprungszeugnis 247
US-GAAP 11

V

Vermögensreserve 36
Vermögensstruktur 18
Verrechnungsscheck 234
Verschuldungsgrad 47
Vorratsintensität 18

W

Währungsrisiko 172
Währungsswap 179
Wandelanleihe 96
Warenverkehrsbescheinigung 247
Wechsel 113, 223, 236
Wechselgesetz 236
Wechselkredit 113
Wechselkursrisiko 172
Wechselprotest 237
Weltmarkt 27

Z

Zahlschein 226
Zahlungsanweisung 226
Zahlungskraftreserve 36
Zahlungsmittel 220
Zahlungsmittelbestand 32
Zedent 208
Zeitstrahl 159
Zentralbank 22
Zession 208
Zessionär 208
Zinsänderungsrisiko 173
Zinsswap 106
ZKA 249
Zollfaktura 247
Zwangsvollstreckung 168, 199